わたしと霊性

服部みれい

平凡社

もくじ

霊性

そして

愛

写真　川島小鳥
装幀　佐々木暁

わたしと霊性

はじめに

今となってはどうして霊性について、こんなにも書いてしまったのか、よくわからないでいます。ただ、書きはじめると、水が渾々《こんこん》と湧くかのごとく、次から次へと文が生まれていきました。こういう体験ははじめてのことです。

この本は、霊能者の本でも、学術書でも、宗教関連の本でもありません。古い時代からあたらしい時代へ移行するこの真っ只中の時期に、ひとりの人間が、霊性をどう捉え、体感してきたかの実況中継的エッセイです。

ある分量を書いたときに、『わたしと霊性』というタイトルが思い浮かびました。

今どきのいいかたでいえば、「わたしとスピリチュアリティ」なのかもしれません。でも、あえてわたしは霊性ということばをつかいたいと思いました。そのほうが、自分のなかでしっくりくるからです。

霊という漢字は、旧字体で靈と書きます。雨と、口3つ（器の意だそうです）、巫女の巫で、靈。この靈という字は、人の本質そのものを表しているように感じます。実際、魂、神聖な、すぐれた、ふしぎな、人知でははかりしれないといった意味があります。

実は、このタイトルにしようとなったときに、「霊」ということばに抵抗を示す声がごく一部にあがりました。その気持ちもわからなくありません。でもそのとき、わたしの中でこの「霊性」という存在を極めてたいせつに守りたい気持ちでいることにあらためて気がついたのです。

まっとうな意味での「霊」、そして「霊性」は、あたり前にすべての人にある。どんなかたちであれ霊性を穢《けが》すことは、すべての人の「自ら」を穢すことであると思いました。過剰にこわがったり、あやしんだり、軽んじたり、避けたりするのではなく、目に見えない世界やふしぎな力や働きのことを大切に、フラットに尊敬していたい。この世界にある神聖さ、敬虔さというものを、わたしはどんなときもたいせつにしていたいのです。愛を基軸とした世界が、ほんとうに好きなのです。

この場をお借りして、この本を書くきっかけをつくってくださった平凡社の小出真由子さん、この本と、わたしの霊性をデザインの力で支えきってくださった佐々木暁さんに感謝を申しあげます。この本でご紹介させていただいたすべての方々にも、こころから敬意と感謝の気持ちを表します。ありがとうございました。

この本を書くことができて、わたしは、とってもしあわせです。

霊性

わたしの中の祖父　輪の中の祖父

どうしてだかわからないけれど、会ったこともない父方の祖父のことをいつも近しく感じて生きてきた。

祖父は小学校の教師だった。専門は理科。

いかにもまじめそうな祖父は、いつも遺影の中に坊主頭でつめえりを着て存在していて、中学時代の友人らは、その遺影を見て「服部さんのおじいちゃん、かっこいい！」といっていた。確かにこざっぱりとした、つるんとした顔をしていて、イケメンの部類に入るのかもしれない。

祖父は、終戦の年、昭和20年12月に岐阜の高山の日赤病院で亡くなった。

軍国主義に染まった日本で教師をするというのはどういう体験だったんだろう。戦争が終わってからも、祖父は「禊《みそぎ》」といって長良川で沐浴《もくよく》を続けた。はじめは大勢の生徒たちが連なったが最後は祖父だけになったという。それでも、冬でも続けて水を浴び、病に倒れて命を落とした。38歳だった。

祖父の学生時代のノートを見ると、鳥の解剖したさまが筆で一度も間違えずに丁寧に描かれている。随筆には、「艱難辛苦、我に来い」と純粋さを極めた文章が並び、昭和初期の青年ならではの精悍さが胸をしめつける。

うちの実家に、祖父の生徒だったという方々が5人ほどぞろぞろとやってきたこともあった。生徒さんとはいえもう80代。集まって話していたら、「服部先生のお墓にお参りしよう」ということになってやってきたという。

祖父は戦時中、田舎で貧しく本も買えない家の子どもたちのために、毎朝、学校の運動場の黒板に、おもしろいよみものを書いた。それを子どもたちはたのしみに登校したのだそうだ。そんな思い出が、80代になったかつての小学生たちを美濃の山あいの家まで導いた。

昔から、わたしは保育園児や小学生など、子どもたちがまとまって大勢歩いているのを見ると、どうしてだか涙が出て仕方がなくなるということがあった。自分でもなぞすぎると思っていたが、20代半ば、育児雑誌の編集者になりたての頃、休憩しようと事務所の屋上へ上がる階段の途中で突如ひらめいた。「ああ、これは祖父のＤＮＡだ」。わたしの中の祖父が泣いているのだと。

そんな祖父に、とうとう会ってしまった。

２０１８年の夏のことだ。

岐阜の郡上八幡のさらに20キロ北へ走ったところに白鳥町《しろとりちょう》（現・郡上市）という町がある。郡上八幡ほど有名ではないが、盆踊りがとても盛んで、7月から9月の間、白鳥町の各地で盆踊りが実施される。

その中に、「拝殿踊り」と呼ばれる、神社の拝殿の上で円になって踊る盆踊りがあって、わたしはその踊りにハマってしまった。

お囃子はなし。唄い手の歌と、下駄のリズムだけで踊る。唄い手は輪の中にアトランダムにいて、即興でかけあいをしながら歌っていく。まさしくサイファー。

はじめて体験したときは衝撃だった。インドネシアの秘境か何かに迷い込んで、音楽発祥の地にやってきたのかと思うほどだった。

3回目となる拝殿踊りで、わたしは思いたって、亡き母がよく通った美濃の骨董の店でゆかたを購入し、着て行った。


拝殿踊りは、まず、足だけを動かしてゆっくり踊る「場所踊り」からはじまる。おばあさんのように後ろで手をくむのだが、そのとき、先祖をおぶるのだという。「場所踊り」が終わると、リズム感のある速い踊りにうつっていく。思いっきり16ビート。白鳥おどりは、どこの盆踊りとも違うと思う。踊っていて純粋にたのしく、同時にどこか儀礼の香りやシャーマニックなムードが漂っている。

何曲目を踊った頃だろうか。

我を忘れて踊る頃、三重にも四重にもなる輪の中に、坊主頭の男性がいた。白い開襟シャツを着て、うっすら二重で、まじめそうなすっきりとした顔立ちをしている。もくもくと踊っている。

自分の対角上にいるのだが、まちがいなく祖父だ。

遺影の中にいる祖父が、そのまま、目の前で盆踊りに興じている。

いや、この男性は、岐阜っぽい顔なのだ。二重まぶた。鼻もわりあい高い。くちびるは厚め。さっぱりしているんだけど山っぽい独特の濃さがある。岐阜には岐阜らしい顔つきというものがあって、「その傾向の顔」なんだとさすがに思った。

しかし、その顔つきを眺めていたら、どの傾向の顔つきかどうかとかどうでもいい、まちがいなく祖父でしょうという気持ちになっていった。祖父に違いない。目から鉄砲水のように涙が吹き出しそうになった。祖父から目が離せなくなった。輪の中に、先祖たちが帰ってきて、この輪の中でまちがいなく踊っているのだ。雷に打たれたような気持ちになって、茫然自失となったまま、わたしはそのまま踊った。

わたしは、おじいちゃんに「ありがとう」といってみた。「何かメッセージはない?」と聞いたら、はっきりと「誠をよろしく」といった。誠とは祖父の息子、わたしの父のことである。

次の曲になった。輪の中に祖父を探した。

ところがもう、どこにもいない。探せども探せどもどこにも白い開襟シャツの坊主頭の青年はいなくなってしまっていた。どんなに探せども完全に消えてしまっていた。

そこは大きな境内ではなく、踊る人の人数もそう多くはない。中央の灯籠とライトによってあたりはうす暗いけれども顔くらいは見える。わたしは輪の中で、ただ踊り続けるしかなかった。拝殿では下駄のリズムがエッサッサノドッコイショと激しく鳴り響いていた。

思うからあるのか　あるから思うのか

毎日新聞の連載「好きに食べたい」で、メニュー選びについて書いた。「オーダーって不思議」というタイトルである。

入店し、まず、「コーヒーを飲みたい」と思ったとする。でも、「よく考えたら今日はもう3杯目だな、カフェイン摂りすぎだな」と思ってミントティにしようと決める。ホール係の方に、「ミントティお願いします」と言う。するとコーヒーがやってくるという話だ。口で言ったオーダーではなくて、こころのオーダーがそのまま厨房に入るという話。

「こころのオーダー」は、何度となく、もういやというほど厨房に入る。なぜなのだ？

もうひとつ数年前からよくあることがある。読書前、その直前に話していたことが、本のページに書かれているのだ。本を読む前にたとえば誰かとスフィンクスの話で盛り上がる。その直後に本を開くと、途端にスフィンクスが登場している。

こんなこともあった。あるレストランで、「味蕾《みらい》」について話をしていた。わたしは「味蕾」で思い出す、ある有名人の方がいて、その人のことを思い出して話していたらその人がすぐ隣の席にいた。こういうことも1回や2回ではない。

いったいこれはどういうことなのか。

「思う」から「ある」のか。

「ある」から「思う」のか。

ある時から、わたしは願うから叶うのではなくて、叶うから願うのではないかと思うようになった。なんらかの望みをもつというのは、いくつかの可能性にそのことが入っているせいではないかと仮説を立てた。いや、こんなこと実験しようもない。なお、誰かを憧れるのはその憧れる人に自分を観るからだ。そう言いすぎなのだとしたら、憧れる人の成分の一部を、自分もすでにもっているから憧れるという行為が成り立つといえばいいか。自分の中にないものを人に見ることはないはずなのだ。

誰かのことに思いを馳せる時、その人もわたしのことを考えているのだ、とか。妄想が過ぎればある種の発狂状態だが自分の中で軽くそうかもと思うくらいならおもしろい。そうでなくとも願望は、たとえ叶わなかったとしても、こっぱみじんに破壊されたとしたって、自分をしかるべき道へと連れていってくれる地図そのものだ。宝ものがあるから探しに行くともいえるし、たとえ宝ものがなかったというオチだったとしてもその体験が、旅の過程が、自らの中にある結びめの解放と浄化の過程にほかならない。

最近など、あまりにリアルな夢を見るようになって（起きた時が本当か夢が本当かわからないくらいリアルな夢）そこに登場した人物の夢にも、わたしが登場している可能性があるというふうに感じるようになった。そのリアルさのせいで。

世界は目の前のものだけではなくて、幾重にも重なり合って、時間と空間を超えてつながっているものだと最近ではあたりまえに思うようになっている。

目に見える世界は、本当は全部、何もないのかもしれないとさえ思う。こころや意識にのぼる世界だって、世界というのかもしれないとさえ。

デイリーな霊感

霊感といえばフランキー堺さん、というのは古い話*だが特段変わった能力ではなくて、誰にでもあるものだ。

高速道路を走っていて、一般の車にまじって、一般の車のように見せかけて警察の車が走っていると、なんとなくわかることがある。どこかへ行くために走っている車と、違反者を取り締まるために走っている車では、なにかしらムードが違う。

飲食店を経営している人は、同業者が視察を目的に食べにきたら、きっとそれに的確に気づけるのではないか。純粋に食事をしにきた人と、様子を見にきた人とでは、醸し出す雰囲気が違うからだと思う。

こんなことに気づく能力も、霊感の一部と呼んでいい気がする。

サイキックでなくとも虫が知らせることがある。電話が鳴った瞬間に、（現代の電話や携帯だと登録者の名前が出てしまったりするが）それが誰なのかがわかることがある。ある人のことを考えていたら、その人が訪ねてきたり。夢で見たことが現実になるという体験をしたことがある人もいるだろう。

自分には際立った霊感はないと思っていたけれど、それでも編集者の仕事を続けるうちに、磨かれた何かが確かにあると感じている。

ひとつには、デザインや原稿の締め切りを待っているときに磨かれた。

長くつきあっているデザイナーさんでよく締め切りを守らない方がいる。その方は、すごい職人気質。いつでも受注量が多く混み合っていることもあって、とにかくよく、遅れる。ただし腕がよく、あがってきたものの精度がとても高いため、こちらは締め切りを延ばしてでもおつきあいすることになるのだが……。期日に遅れはじめると、まず、メールの返事がだんだんなくなっていく。電話をするが、電話も取ってもらえなくなっていく。こうしたときに、このデザイナーさんが何をしているのか、つい想像力を働かせるようになってしまったのだ。そうして、とうとう磨かれていったのが霊感だ。「今、他社の仕事をしているな」「あ、もう眠ったな」「うちの仕事は少しだけ手をかけたけれど、放置されているな」など、だんだんと透視するみたいに、感じ取れるようになってきてしまったのである。しかもおもしろいのが、わたしだけではなく、担当した編集者の何人かも、事実、そのデザイナーさんに対して霊感が高まっているのである。編集者どうし、このデザイナーさんと連絡が取れないという連絡を取り合っても、だいたい霊視内容が同じになる。霊感など自分にはないと思っている者でも日常の中で磨かれるのである。

もうひとつ編集者をしていて磨かれた霊感がある。それは、ファッション撮影のロケの日取りや場所を決める際に磨かれた。

ファッション撮影は、超多忙なクリエーターたちの時間を合わせなければならない。カメラマン、スタイリスト、ヘアメイク、モデル、ロケ地（ないしは、スタジオ）、そのほか、ケータリング、ロケバス、ライター、などなど大勢の人たちが関わる。しかも誰一人としてヒマな人はおらず、たいていは全員がぎゅうぎゅうのスケジュールで仕事をしている人ばかり。この時間と場所を合わせていくのに、次第に霊感が働くようになってしまった。いや、そういった力をどこかできかせないとならなくなったといったらいいか。だいたいこの日と目星をつけて、徐々にみなさんの予定を集約していく。ひとり、ふたりと、どうしても決まらない人たちが出てくる。その場合、第二キープ、第三キープとなる。日にちが迫ってくると、だんだんと焦ってくる。でも、ここで、取りまとめるほうは平常心をキープする。自分自身をしんと研ぎ澄ます。この日にロケができると決めている自分がいる（エドガー・ケイシーでいう「祈り」。最近の流行でいえば「アファメーション」）。そうして、次第に透明になり、真空の自分になったときに、ひとりふたりと、決まらなかった人たちが、全員決まっていき、ロケができることになる！

このときに、ある部分ではとてつもない目に見えない働きが作動しているともいえるし、また、同時に自分がいやおうなしに、何もかも一度は手放しコントロールすることをあきらめ、無になることを迫られる瞬間であるともいえる。

そういうわけで、こういったブッキングを行う仕事をしている人……いや、世界にゴマンとある仕事の中で、ブッキングに関係なく仕事というものをつきつめている人すべて……どんどん霊感が高まっていっているのではないか。少なくともわたしは、仕事をする上で高まった。

編集者というところでいえば、以前から国語の能力を極めると霊感に通じると信じている。行間を読む、などというけれど、行間のさらに行間を読むという行為を深めていくと、霊的な世界にタッチすることにどうしたってなる気がする。小説家はじめ芸術家たちはその気がなくとも霊的な世界に片足なり両足なり入り込んで生きている。

一般的には、恋愛のとき、こと、恋に落ちる瞬間というのは、非常に人々は霊的になっていると思う。性行為の瞬間もしかり。恋愛というものは目に見えない世界の導きと、霊的な世界での交流が先にあって、はじまるように感じている。性愛の快楽などまさにその真骨頂のような世界だと理解している。

＊かつて、『霊感ヤマカン第六感』という番組があって、司会をしていたのがフランキー堺さん。

わたしと霊性

わたしにとって目に見えない世界は、記憶をもって生きはじめるうちにいつのまにか日常に滑り込んでいる何かであった。

自分が敏感な体質でふしぎな体験を小さな頃からしていたとか、何かが見えたりわかったりしたわけでは決してない。

実家に何らかの宗教色が強かった記憶もない。親たちが霊的な世界に強い興味を抱いていたというわけでもない。

あまりに一般的な昭和のサラリーマンの家に育ち、社宅では主婦である母たちが、タッパーウェアを購入したり、パッチワークを教えあったり、ちいさなたのしみみたいなものと、でもわずかに表出する倦怠感みたいなもの……主婦である不満であるとか、そういったもの……を混在させながら日々の暮らしを、退屈だけれどでも小気味よいリズムで並縫いを運針するみたいに営んでいた。銀行員だった父の帰りはたいてい遅くて、無口でちょっと近寄りがたいような、そんな存在だった。そこにはふしぎさも、あやしさも、いってみたら、尊さとか、敬虔さとか、愛とか、そういったことをはっきりと感じさせるような暮らしではなかった。日々の暮らしが目に見えない世界をすっぽりと覆ってしまっていた。地方都市のなんでもない生活のまん中でなんの疑問もなく生きていた。

ただ、そんな中でただひとり、わたしにとっては母方の祖父という存在が、はっきりとわたしの人生に霊的な世界を見せた人物だった。

いや、思い返せば、ほんとうは祖父だけではない。時代の中にそもそも、霊的なものへの興味を促す空気があった。

小学生の頃は、『りぼん』などの漫画雑誌に、いつだったか、おまじないのコーナーがあって、レモンの香りがするペンで、その全ページをノートに当時流行っていた丸文字で書き写し、ひとつひとつ実践したこともある。

学研の『科学』と『学習』だったと思うが、超能力テストみたいな付録だったかがあって、それも試したことがあった。判定はAだったが誰にも黙っていた（誰でもA判定がとれるしくみになっていたのかもしれない）。

学研といえば、ひみつシリーズという漫画のシリーズでも『宇宙のひみつ』をいちばん繰り返し読んだ。テレビをつければユリ・ゲラーがスプーンを曲げていたし、小学生も高学年になったら『マイバースデイ』という占い雑誌を購読し、星占いなんかにも夢中になった。そんな気軽な霊的な世界は、淡くオカルト風味がかっていたけれど、全体的にはファンシーな、少女にとってひとつのたいせつな趣味のひとつであったのだ。

母方の祖父の話をくわしくするのは、正直、憚られる。

ずっと近しい人にしか祖父の話はしてこなかった。

祖父は、自営業を営むかたわらで、大勢の人の相談にのり、時には治癒を促すなどしていたそうだ。人がひっきりなしに訪れていた時期があったらしい。自分も子どもの頃迷うことや、なくしものがあると、祖父に電話した。祖父は、電話の向こうでしばらく、なにか小声でいったあと、的確によどみなく質問に答えた。わたしは、神さまとおしゃべりしているのだと理解していたが、祖父が何と交流していたかはわからない。神さまかもしれないし、大天使や何かの霊かもしれないし、アカシックレコード*かもしれない。だが、ある種の確かさがあった。病が治る人もいたようだし、紛失物は祖父が「あそこでいつ出てくる」といえば、必ず当たった。

これが、霊的な世界が存在するとはっきり知った最初の体験だ。小学校高学年あたりのことだ。

祖父にもともとそのような力があったわけではない。わたしの記憶にまちがいがなければ、あるとき重い病気にかかり、そのままでは右腕を切断しなければならなくなったことがきっかけだった。

しかし、まだ若かった祖父には育ち盛りの子どもたち（わたしの母とそのきょうだい）がいた。わたしが聞いた話では、あるとき病院で腕を治すのを諦め、薬という薬を、橋の上から川に捨てたそうだ。そして山に籠もり、行者として飲まず食わずの修行に入った（白装束を着て山に籠もり、祖母が迎えに行ったときはボロボロの姿で山を降りてきたと何度もその話を聞いて育った）。奇跡的に腕は壊死することなく完治し、切り取らずに済んだと聞いている。そうして祖父は、ある力をいただいて、その後は困った人や弱った人を目に見えない力で癒すということを行ったということだ。

わたしは祖父が好きだった。よく手紙も書きあった。筆まめな祖父と筆まめな孫は何年にもわたって文通をした。いつもすぐに達筆で書かれた分厚い手紙が届いた。「でせう」とか「で候」とか明治生まれの祖父の手紙は、読むのに苦労したけれど、でも、子どもごころに読み応えがあった。とても含蓄のある手紙だった。

ところが思春期に入った頃からだろう、祖父のそのふしぎな力を嫌悪するようになるのである。

だいたい、何でも先にわかってしまうことがいやだった。

ならば聞かなきゃいいのに、つい祖父にたずねてしまう。そうして聞いてしまうと、その答えにしばられた。時に傷ついた。わたしは、高校生になると自然に祖父を遠ざけた。わたしなりに反発をしたりもした。未熟な少女にとっての反発のひとつは、プロテスタントのキリスト教会へ行くことだった。反発だけで通ったわけではなく、当時、わたしは高校生なりに、どうしようもできない深刻な問題を抱えていて、どう解決していいか暗中模索していた。真っ暗だったといってもいい。暗闇すぎてどこから何をどうしていいかわからなかった。魂の奥底から助けを求めていた。真っ暗闇のなか、ひとり孤独に神さま！　とその名を呼んでいた。

一体わたしは、あの暗闇からどうやって抜け出したのだろうか。

当時の自分が抱えるには割合大きな問題は、自分の中で消えそうにもなかった。20代半ばになっても消えなかった。いや癒えなかった。積極的に解決するにも、どこから何に手をつけていいかわからないのだから、ほうっておいたとしかいいようがない。

次第に祖父からも、キリスト教会からも、離れていき、気づけば編集者となり、ワーカホリックになっていた。恋愛も根本の解決にならなかった。誰とも結婚する気になれなかった。自分の中にある問題が、自分の中の大半を占めていたからだろう。まわりの人にもみくちゃにされながら無言で乗っている東京の満員電車の中の自分は、まさに、あの頃の自分の象徴みたいに感じる。

いつの間にか30代になって、仕事はまだ安定しなかったけれど、次第に問題と対峙する体力がついたのかもしれない。純粋に時が経ったともいえるし、年齢を重ねたことによるパワーも充電されたのかもしれない。ようやく、自分の中で何かが溶けはじめた頃、今度は、仕事で、編集者として、立て続けにふしぎな世界に通じる人たちと会うようになったのである。

このような世界に、ひさしぶりに触れた、と思った。最初は、疑心暗鬼だった。でも、割合すぐに夢中になった。気の世界や、宇宙の法則みたいなものは、仕事で接しているとはいえ、とても自分には魅力的にうつった。わたしの目の前に現れるふしぎな力をもつ人物はどんどん増えていった。現在の自分ならば関係をもたないような人物も含まれていたけれど、反面教師も含めて、そういった人々との出合いがわたしの意識を変えていった。霊性に関する本を精力的に読みはじめた。祖父や祖父が表現していた霊的な世界への反発は、玉ねぎの皮を剝くようにひと皮ずつ剝けていった。

わたしの人生でももっともエポックメイキングなできごとは、37歳のときに雑誌を立ち上げたことだ。雑誌のわたしの中でのテーマは、目に見えない世界と目に見える世界とをつなぐ、物質的な世界と非物質的な世界の融合、だった。どうしてそんなことを思いついたのか、今となってはよく思い出せない。ただ、当時自分が熱烈に読みたいものこそつくろうと思ったらそうなってしまった。

その時にあらわれたのが、大勢いたふしぎな人の中でも、ひときわ異彩をはなっていたあるひとりの人物である。

その人物は、雑誌を立ち上げようと決めて行動したからあらわれたとしかいいようがない。青年のようで、同時に100歳くらいの仙人のようでもあった。すぐに覚者であろうことが察せられた。なぜならば、はじめて電話で話しただけで、（会ってもいないしこちらから何の情報も渡していないのに）すらすらとわたしのことをいい当てたからだ。もちろんそこには聞きたくないことや自分に聞く用意のできていないことは含まれていなかった。みごとだった。アカシックレコードが読めるのだと思った。その人物自身も、何か意図があって話しているというよりは、自動的に、そういったことが口から出てしまうという感じだった。その人物が、雑誌の創刊時に、わたしを裏から霊的に支えたのである。


わたしは、その人物に会ったことで、20年近く淡く避けていたふしぎな世界と完全に再会した。目に見えない世界がまちがいなくあるのだと確信するに至るのにそう時間はかからなかった。なぜなら、その人物が、純粋にすばらしかったからである。それまで出合った誰とも似ていなかった。ひとつ似ているとしたら、祖父、その人なのだった。その最高に好ましいと感じられる人物が行っていることと、祖父が行ってきたことがあまりに酷似していて、わたしの中で、わだかまりが一周して消えた。

その人物は、意識の拡大にしか興味がないといい、この世界がいかに幻《マーヤ》であるかをわたしに語り続けた。その語ったことが、すぐに本づくりに活かされ、のちにわたしの執筆に活かされた。その人物を知るたくさんの人たちはわたしが見る限りその人のことが大好きだった。顔を見るだけで、誰もが顔が明るくなり、ほころんでしまう。一緒に時間を過ごすと、その間だけでも、どんどん意識が変わっていく。こころはほどけ、解放され、からだはゆるみ、なにもかもスムーズになっていく。意固地になっていた自分がバカらしく思えて、笑い話にできるようになる。意識が覚醒するとは、こんなふうに、ふにゃけることなのか！　と目が見開いた。ふにゃけながら、信じられないほど明晰性が保たれているのである。瞬間瞬間に生き、変化していき、それが完全性をうむさまを次々と目にした。いくつシンクロを体験したかわからない。いや、シンクロしかない世界を体験したといったほうがいいかもしれない。もちろんその人物とて人間なのだから、現象界の意識と普遍的な意識が行ったり来たりしていたのだと思うが、わたしから見て24時間瞑想状態のようだった。この人物に遭遇してからあとは、スキー場のてっぺんからスキー板を履いて滑っていくかのごとく、目に見えない世界、霊的な世界や霊性が、ものすごいスピードで、かつ、すばらしい流れに乗って自分の生活の中に入っていった。

その人物は、出合ってから、約2年後には肉体を離れてしまった。

わたしは、ずっと疑い深かった。物質以外のことについては、祖父や祖父の世界観への拒絶から当然苦手だったし、正直どこかバカにしていたようなところもある。しかし、この頃の体験……そう、時期でいえば、２００７年あたりのことだ、その準備は、２００１年あたりからはじまっていたが、明確に、霊的な世界に参入したのは、２００７年だったとはっきりいえる。わたしを変えたのは明らかに、人だった。

２００９年に、その人物が亡くなってからは、さらに体験が深まった。さらに書ききれないほどのふしぎな世界の人たちに会った。ふしぎな治療やセラピーやヒーリングも、好奇心の赴くままに受けた。自分の中の解決したい問題のようなものが導いた側面はあるが、なぜそういったものを受け続けたかというと、純粋におもしろかったからである。自分でも、オラクルカードを引き、数秘術を学び、暦や、宇宙法則や、霊界のこと、非二元論、超古代の世界のこと、古代の文字、神秘学……気の赴くまま、吸収していった。

こういう世界にひとつも興味がない人からすると、ハテナだらけかもしれない。でもわたしにとっては、映画とかバンドとかゴルフとか手芸とか、そういった趣味と完全に同列の、豊かなたのしみでもある。

わたしは自分のものの見方に自由をもたらしたい。軽くなっていきたい。前述の人物になぞらえるなら、意識の拡大を体験したいのだ。ただ、ギターが上達するみたいに。自分自身が軽くなるとは、思い通りかそれ以上にギターが弾けるようになることだし、何なら、弾いていることさえ忘れるがごとく、どんどん透明になっていって、没我の境地にいたることだろうと思う。自分はその境地に入りたい。

いや、もっといえば、自分が愛だけになったときに見える世界を体感してみたい。善悪正邪のない世界に住み、次元上昇した地球と一体になってみたい。

こんな霊性と霊性の世界にともなう欲求をいよいよ堂々と明らかにできる時がきた。

まさにそのための扉がぎいぃと音をたてて開いているのを体感し、今、ここに、味わう、そういう時代なのだと高らかにいいたいと思う。

＊アカシックレコード……世界で起こったあらゆることが記録されている霊的な記録庫、データバンク。宇宙のインターネットとも。

シンクロニシティ

ある朝、スタッフにコーヒーを淹れた。コーヒーをもって仕事場に入ったら、そのスタッフは外出していて1杯分、余ってしまった。どうしようと思ったその瞬間、夫の母が届け物をしに訪ねてきた。母は、コーヒーが大好きなのだ。母に熱々のコーヒーをそのまま出した。おいしいといって飲み干して帰っていった。

こんなこともある。

わたしに取材をしたいという方々が関西から向かっている。でも、わたしの仕事がまだ終わっていない。予定していた時刻よりあと1時間くらいあとだと助かるな、と思った瞬間、「車で向かっているが道を間違えてしまい1時間くらい遅れます」と連絡が入る。ちょうどいい時間から取材がはじまった。

まだまだある。

天気に関係なく何気なく洗濯物を取り入れた。そうしたらその30分後にどしゃぶりの雨が降った。

こまかなことではこんなこともある。

時計や、車のキロ数や、何か数字を偶然見たときに、１１１１とか、１２３４とか、そういうのは日常茶飯事だ。


かつて、兵藤ゆきさんを取材したいと考えていて、でも、プロモーション期間じゃないかもしれないし、唐突かな、どうしようかな、でも、もし取材するなら、写真家は川島小鳥くんだな、と考えながら表参道を歩いていたら、向こう側から写真家・川島小鳥くんが本当に歩いてきた。逆に小鳥くんに聞いてみる。「今、兵藤ゆきさんを取材しようと思っているんだけど、兵藤ゆきさん撮影してみたい？」「わー、撮りたい！」と小鳥くん。その場で、依頼する腹が決まり、取材することに。その記事は、『マーマーマガジン』９号に掲載されている。

さらにはこんなこともあった。ブルーノートでブッカーT & The MGsというバンドのライブを見ていた。ライブがはじまる前に、一緒に行った人が、みれいさんはあの女性のような白髪頭になると思うよ、と白髪のうつくしいショートカットの女性を指差していった。へーと思ったら、暗転してライブがはじまった。ライブ中、なぜだかずっと、作家のMさんについて考えていた。Mさんのような音楽の表現をする人が、日本人にはほかにいるのかどうかとか、そんなことがこころから離れず、ずっと考えていた。そうしてライトがついたら、目の前に、本物のMさんがいた。そして隣には先ほどの白髪の女性が。どうやらMさんのパートナーであられるようだった。

最初にコーヒーを淹れたらスタッフがいなくなっていて母に飲んでもらえた話を書いたけれど、ほんとうのシンクロはそこではなかった。その日、たまたま、母からもらったスカーフを首に巻いていた。今日は会うぞという日に巻いているのもいいけれど、たまたま会った日にも巻いていたというのはなんだかステキだと思う。母もわたしがスカーフをしているのを見て喜んでいた。

母がこちらに向かったから、スタッフが外出したのか。母が来るとわかっていたからスカーフを巻いたのか。相手が遅刻するとわかってわたしの仕事は遅れたのか。雨が降ることを潜在意識は察知しているのか。小鳥くんが兵藤ゆきさんを呼んだのか。ブルーノートにMさんがいるから、わたしはMさんのことを考えてしまったのか。

何が先で何があとなのかはわからない。否、すべてが同時なんだろう。

シンクロニシティって、ただ起こってラッキーとか、うれしいというだけのことではなくて、そういった感情を超える、この宇宙の秘密を垣間見せている。霊界と地上がつながっているという証明みたいなもの。パラレルワールドはあるよ、みたいな。時間と空間は本当はないんだよ、という印みたいな感じがする。

思っていることや話していることは、物質化していくのだし、宇宙はすべて、確かにつながっているのだ。その秘密が今、いたるところでどんどんと明かされていっている。

そこに焦点をあてさえすれば。

シンクロニシティ2

ある人から、メールが入った。2月25日のことだった。

うちの編集部（『マーマーマガジン』編集部）でつくっている365日日めくりカレンダーは、毎日ひとことメッセージが入っている。読者さん方からの投稿によるメッセージもある。そのカレンダーを見てある人が、「自分の孫が採用されていたんですー！気づかず大感激!! 友人が教えてくれました」とメールしてくださったのだ。

同じカレンダーが、わたしのデスクの背後にある。

くるっと振り向くと、そのカレンダーに、確かにそのお孫さんの名前がある。

「まあ、気づきませんでした。ご当選おめでとうございます」とメールした。（わたしはもちろん、その方のお孫さんとは知らずに当選させていた)。

え? ちょっと待って。

振り返ってカレンダーを二度見。

カレンダーは、1月28日だ。でも今日は2月25日だし。

その方は、特にメールには1月28日に掲載されていたと教えてくれたわけじゃない。メールは、まさに今日載ってました! みたいな書きかたなのだ。だのに、わたしのカレンダーもどういうわけだか1月28日がひらいていた。

このカレンダーは、毎日毎日、わたしかスタッフがめくることになっている。でも、1月28日にしておいた記憶はない。

さらに、びっくりするのはここからだ。このお孫さんが掲載されてる! と教えた人の誕生日も1月28日だったのだ。

どうしてこういうことが起こるのか。いったいこの瞬間、どういう時空にいたのだろうかと思う。

この手のことは最近になってしょっちゅう起こりはじめていることだ。

みなさんのお宅ではどうですか。

行楽日和

秋の澄み渡る空のもと、長野県安曇野市にある穂高養生園から帰途でのことだった。行楽日和ということなのだろう、長野自動車道に入るまでの道が大渋滞、また高速に乗ってからも道は混みまくっていた。

運転は、スタッフの箱ちゃんである。

高速に乗って、穂高養生園でのワークショップのふりかえりを箱ちゃんと話しはじめた。

わたしは、そのワークショップでは、できる限り自動的に「自分という車のハンドルを自分で握る」感覚を体感でつかめるようプログラムを考えた。「やらなければならないからやる」のではなくて、自然に、自分のタイミングで行うと、どういうすばらしいことが起こるか、その感動を体感してほしかった。

到着した日、約20名ほどの参加者で、まず、部屋の地べたにあぐらをかいて輪になった。わたしの前には、安曇野の最高にすてきなカフェ「グッドオールドランド」でたまたま出合ったロウソクと、これもたまたま安曇野の山で入手した石英を置いた。はじめ、穂高養生園で摘んだマジョラムやローズなど、からだがゆるむ香りのローズを静かに回していく。ああ、これからワークショップがはじまるんだな、というちいさな儀式だ。

次に、自己紹介をする。このとき、列の順番で、というふうに行わない。順番に行うと、どうしても緊張感が伴う気がする。順番の2〜3人前から、ついドキドキしてしまうなんて経験、誰にでもあるのではないだろうか。そういうわけで、自分のタイミングがきた、と思ったら静かに挙手して話す、という方法をとった。誰からも手があがらなくても、静かに待つ。決してじりじりしない。すべての人のそれぞれの宇宙タイミング*を待つのだ。

この自己紹介のときにまず感じたのが、「自分が人生の主人公になっていないかも」というケースが多そうなことだった。まわりに合わせすぎて自分を殺して生きているような、そんな印象の方が多かった。

どうしてだかいちばん好きなものを自分に選んでこなかった。とても自分という存在はパワフルなのに、その力を感じておらず、外にばかり目が向いている。人目ばかり気にして生きてきた。知らず知らずのうちに周囲に依存している。自分の〝問題〟なのにどこか他人の〝問題〟のように感じている。自分のこととなると、とたんにぼんやりして、つい、ないがしろにしてしまう。

これらはすべてぐるぐるとひとつの輪である。この輪の中で、ラットレースのように、回りつづけると人はどうやらしんどくなっていくらしい。嘘というのは、長い間はつきつづけられない性質があるようなのだ。その輪の中にいる間は、ほんとうには生きてすらいないのかもしれない。自分という車のハンドルを自分で握っていない。そこからどう脱するか、自分自身に戻り自分軸で生きることについて終始するワークショップだった。

ワークショップは、初日はその自己紹介を終えたあと、入浴と食事。その後こんにゃく湿布をする。セルフケアし、肝腎脾のお手当をし合うことで、最高に脱力した自分、誰かがお手当してくれる安心感を味わう。眠ってしまう人もたくさんいた。

2日目の朝は、自分が生まれるときのビジョンを思い出す、非常に内省的かつ簡単にできるビジョンヨガ、日中は、「問題」の大元となりやすいインナーチャイルドの傷にみずから気づきケアする方法の話、夜はみんなで集まってフリートークをする。時が経つほどに、各自に想像を超える解放が起こっていった。安曇野の自然の中と穂高養生園のうつくしくおいしい食事でからだが緩み、こころがほどけて、みずからの深い部分にある話を、とつとつとしはじめる人もいた。みんなでその声に耳を傾けること自体も解放だった。

最終日は、初日に行った自己紹介形式で感想をいっておしまい。たった2日半のワークなのに、参加前と後とでは、老婆があかちゃんに戻ったようなといったら大げさかもしれないけれど、しわしわで硬くなっていたこころの何かが、ほかほかつるつるのほわほわになって、輝きはじめるというようなことが起こっていった。

参加者の多くの方々が、自分が自分のままでいいんだと、質量はともかく感じておられたようだった。わたしはただただ、参加者の方々に耳を傾け、ここにいる間は自分の時間です、ただ自分と向き合ってくださいと言い続けた。現代人は、リラックスして自分自身でいるということや、たったひとりで自分としっかり向き合うという時間さえ許されていないのかもしれない。

箱ちゃんと、思っていたこと、湧き上がる感情をひとしきり話して、自分のからだにこもった熱のようなものが放出される頃、車のナビ画像の道路が真っ赤になってきた。完全なる、いや重度の渋滞である。高速道路の工事があるうえ、トンネルで故障車が出たというのだ。しかも、そのトンネルは元・日本一長い恵那山トンネルである。運転席と助手席から深いため息が出た。

2レーンあった道は途中から1レーンとなった。左車線から右車線に車線変更すると、止まってくれた車がたいへんジェントルで、箱ちゃんが「すごい!」と声をあげる。その車は白いワンボックスカーで、青い光が前方下にふたつついており、車体は低く、よく見るとタイヤのホイールもやけに光る、いわゆる改造車であった。思わず「ヤン車……」とつぶやいてしまった。箱ちゃんは「おそらくそうなんですが、ものすごいです。だって、わたしが車線変更するとき、ライトを全部消してくれました。入りやすいようにする配慮です。やさしい車です」。またそのヤン車はバイクの一団が通れば、誰よりも、端に寄って、通りやすくしてあげている。ナンバーは「888」。ぴかぴかの車である。車間距離も信じられないほどうつくしい距離が保たれたままである。乗っている人はどんな人なんだろう。

恵那山トンネルに入ると同時に、車は止まってしまった。たとえ進んでも人が歩くほどの速さである。おまけに、トンネルの天井に取りつけられている巨大な換気扇からなのか、ゴォォォォというすさまじい不快な音がトンネルじゅうに響いている。でもここから続く8キロ強のトンネルをこの爆音と渋滞に周波数を合わせたまま過ごすわけにはいかない。わたしは、ふと思いつきその日のワークショップの参加者から集まったアンケートを大声で読み上げることにした。いくぶん気がそれて、苦行のようなトンネルの時間から軽い周波数へと救い出してくれた。

アンケートをたいせつに一枚一枚読み上げた。参加者の方々の顔を思い浮かべ、おひとりおひとりの体験を咀嚼していった。突如箱ちゃんが、「服部さん、大変です」と声をあげる。

「後ろの車が！」と叫ぶのである。

「後ろの車に手錠がかかってます！」

さりげなく振り向くと、たしかにバックミラーのところにぶらぶらと本物と見紛う手錠がかかっている。いや、本物なのかもしれない。手錠が、車の窓中央でゆらゆらと揺れている。トンネルの中、後ろから青い光に照らされて、手錠が揺れる車に、わたしたちはこの永遠とも思われる時間のなか追跡され続ける。

どれくらい時間が経ったのだろう。アンケートを読み上げるのに夢中になっていたら、トンネルをいよいよ脱出することになった。手錠車ともここでお別れである。「888」を運転している人の顔をどうにか見てみたいと思ったけれど、暗くてまったく顔が見えない。ひょっとすると、誰も乗っていなかったのかもしれない。

トンネルを抜けたあとはドブ川の詰まりが解消されるかのように、高速道路の渋滞も緩和されていった。車が流れ出すと、わたしはとたんに眠くなって意識を失ってしまった。

ふと我に返る。手錠車、手錠車の精度の高い思いやり、トンネル、渋滞、怒号のような爆音。そして、そこからの脱出。まるで今回のワークショップの内容のメタファじゃないか。ふだんの生活が、トンネルの中でなんと親切な気配りの人と思った車が手錠車で、それに追跡されるようなものだとまではいわないけれど、でもネ、少しはいいあてているような気もする。

＊宇宙タイミング……プリミ恥部（白井剛史）さんから教えていただいたことば。プリミさんの本によれば、一瞬一瞬は「今」がある限りあり続け、その今に、寸分の狂いなく自分と宇宙が一心同体となっているのがインスピレーションの瞬間。インスピレーションで生きる、その状態でい続けることを実現するのに適した言霊。わたしの解釈では、「こうしなければ」「気をつかう」の真逆にあって、絶妙に、かつ精妙に偶然&必然、直観の中、瞬時に立ち現れるタイミングのこと。愛を体験するタイミングともいえる。シンクロニシティの交差点。「宇宙タイミングで！」と約束をするとたいていの人は、ホッとするようだし自分も楽な気分になる。

霊夢

明け方見る、ある種の夢が霊夢だと思うようになったのはいつの頃だったか。

こう、うまくいえないのだが、ふだん見る夢と質が違う気がする。かつ、明け方に見る。はっきりとした「ことば」を受け取ることもあるし、イメージを見ることもある。完全な予知夢は見ないけれど、でも、予知的な感覚の夢もあったりする。

夢じゃないけれど、ビジョンヨガというヨガをすると、その名の通りビジョンを見る。瞑想でも、寝ていても見ないビジョン。

ピンク色の菩薩さまがどんと出てきたり、自分が大空を飛んでいたりもする。あはは。

完全に土の意識になったこともあった。土っていうのは、寛大なんてことばでは表現しきれない、とてつもなくやさしい感性をもっていることが土になってみてわかった。

似た体験は、「宇宙タイミング」というすばらしいことばを教えてくださったプリミ恥部さんの宇宙マッサージや舞のときにもある。

はじめてプリミ恥部さんの舞を体験したのは、２０１８年5月10日のことだった。舞のときは、真っ暗になって目を開けない。プリミさんの舞は、基本、見ないことになっている。遠くでプリミさんが動いている感じがする。目を開けたいなどと思う。でもつむっている。そうすると、次第に、こころに映像が思い浮かびはじめる。

忘れもしない、最初は、いきなり宇宙から地球を見ていた。どこかから地球に、ひと筋の紫色の光がぴかーーーッと注がれて、地球を静かにぐるっとその紫色の輝く光が包んでいた。とてつもなくきれいだった。

そうしたら次の場面になった。わたしは海の中にいるようだった。波が立っていて、水中と水上とちょうど半分くらいの位置にわたしはいて、波が立つ様子を感じているというもの。

その後も、宇宙マッサージをすると宇宙遊泳をしたり（土星の間近を通ったり）おもしろい体験をたくさんしている。

これらは夢なのか？　妄想なのか？　白昼夢？　大野百合子さんのセッションのとき（62ページ）もそうだが、あまりに明確にビジョンを見るし、そこから何らかのメッセージを受け取ったりもするけれど、何か、まだ名前がないように思う。仮にビジョンだとして、その一瞬のビジョンが、その後の自分をしっかり支え続けたりもする。プリミさんの舞の時に見た、地球に紫色の光が注がれて、最終的には囲まれるビジョンは、すごく安心感があった。とてもありがたい感じのするビジョンだった。

先日、やっぱり明け方、霊夢を見た。

印象的な夢がふたつあった。

ひとつは、ＡＩの夢。２０６２年頃のことだ。ひとりひとりのコンピュータみたいなものに、自分の親みたいに自分を見守るＡＩが設定されるという夢。Ragtagという名前だった。そのＡＩが、ありがたいような、でも迷惑なような、そんな感覚がする夢だった。

もうひとつは、「自る」という夢。これで「する」と読むのだと夢の中で誰かに何度も何度もしつこく説得された。本当の意味での「する」（do）という行為は、ただ自分が自分自身でいる状態で、おのずとしてしまったことを本来の「する」というのだ、ということらしい。自分ががんばってやったこと、意図的にやったことは「する」にならない、みたいなメッセージだった。

起きてみて、考えたが、「自分」ということばは、「自然」の「自」に「分」と書く。自分って自然の中の一部ともいえるかも。そういえば、関西では、相手のことも「自分」っていったりする。相手を自分と呼ぶなんて、これまたずいぶん深い話だ。

近しい人の夢を見ることもある。先日は、仲のよい写真家さんとその妻の夢を見た。その写真家さんやパートナーの様子から、この二人がこれからとてもうまくいく、あるいは今すごく調子がいいということが感じられる夢だった。そのことをすぐにメールしたら、実際お二人にすばらしいことが起こっていたということもある。

わたしの霊感が高まるきっかけになったデザイナーさんの夢も先日見た。

デザイナーさんが土手を降りていく。わたしもあとを追う。土手はかなり急勾配で、滑るように降りていく（一歩一歩を今でも鮮明に思い出せるほど、土手のシーンが印象的だった）。河川敷にはテントがあって、そこに入ると、大勢の男たちが、上半身裸で、檻の中でプロレスを行っている。そのデザイナーさんに、「行きなよ」って促すと、「僕、ここのところ頭が痛いんです。だからやめときます」という。この夢を見て、デザイナーさん、体調があまり芳しくないのかなと感じたりした。

夢解きなどでは、写真家のご夫妻も、デザイナーさんも、自分自身だというふうに見ることも多いようだが、でも、こんなふうにその人たちについて「おしらせ」がやってくることもある。実際、このデザイナーさんは体調を崩していたとあとから聞いた。

ちなみに、ＡＩの名前として登場したRagtagには、ぼろの、寄せ集めの、烏合の衆などの意味があるらしい（有名ブランドの古着セレクトショップの名前であるこもあとからわかった）。さて、一体何のメッセージなのか。２０６２年の話というよりは、ひょっとするとわたしが感じている現状の世間や世界そのものというふうにも感じられる。

ドーパミン1から見る世界

ある風変わりな先生からおもしろいことを教わった。

その先生は、人間の中に存在するソマチッドと話をする。先生のところで顕微鏡でソマチッドを見せていただいたこともある。ソマチッドはまるで虫みたい、と思った。虫には情報があり、その虫情報で先生は心身のどこが不調だとか、不調の原因なんかがわかるらしい。千鳥学説というものとも似ているみたいだ。とてつもなく科学的にも感じるし、精妙な霊的な技術にも感じる。先生はとても小柄で、手塚治虫のまんがに出てきそう。性別もよくわからない。おばさんみたいでもある。でも、からだを診るときは急に男になる。腹から出る声の大きさに、どきん！　としてしまうほどだ。

その先生との出合いでもっともおもしろかった発見がドーパミンである。

人によって生まれつきドーパミンの指数があるというのだ。

たとえばわたしは、ドーパミン1である。1は職人気質の人が多くて、一般大衆が好むようなものは好きではない。スポーツ観戦とか興味がない。テレビで言っていることも、概ね疑って生きている。冷ややかにこの世界を見、端っこで静かに生きている。

逆にドーパミンが5くらいになると、テレビや新聞の言うことは大抵鵜呑みにできるそうである（1からしたら信じられない！）。テレビショッピングができる。しかもこの人数がもっとも多いらしい。5の人は、たいていスポーツ観戦が好きだという。5の人は大企業に勤めることができる。学校生活なんかも難なくやれたのではないか。このほかこれ以上のドーパミン指数の人もいるらしいが、そういう人は、芸能人だったり、さらに数値が高くなると躁病だったりするという。

わたしは、自分が1と聞いて、これほど溜飲が下がることもなかった。

1と聞いてホッとした。人生を省みて、やっぱり自分は1だと思うことだらけである。なにせメインストリームから外れてる。常識もわからなくないけれど、なんとかギリギリ社会生活を営める範囲で常識外れだろう。ちいさい端っこのニッチなものが好み。インディーズでオルタナティブであまり知られていないようなものが好き。

1の周波数から見て、すばらしいと感じる世界というものがあるとして、3や5の人にはわからないのだという。逆に、3や5の人がいいと思うものを1の人は大しておもしろいと感じない。連ドラを熱心に観たり、ロードショーに駆けつけたりする精神というのがわたしにはない。アイドルを追いかけたり韓流スターにハマる気持ちもない。名所旧跡も興味がない。1は、1好みの世界で生きている。マニアックで、ある意味オタクな世界である。誰からもそっとしておいてほしいし、自分なりの貫く道がある。ある意味弱々しい世界にいて、そうっと静かに生きている。自分の中のろうそくの灯《ほのお》をちいさくそっとともして何とか生きている。

しかし、繰り返しになるが、この弱々しい周波数にも「世界」がある。

そこでしか見えない光と闇がある。そこでしか見えない意識の層があり、霊の世界がある。

ドーパミンのことがわかってわたしの場合は諦めがついた。人はわかりあえないし、わかりあえなくたって、さまざまな色と濃淡と深い浅いで勝手に成り立っている。

ああ、しみじみと地球って、ぐちゃぐちゃで混沌とした星なんだと思う。1から見たら、ある意味、とんでもなくめちゃくちゃに見える。でも1だって生きられるからありがたい星でもある。

3の人は、いつも怒っているそうだ。3の人にしか見えない世界があり、大抵は憤慨しているという。結婚してもいつもケンカしているか、どちらかが離れることになるという。ひとの悪いところについ目がいくからだそうだ。

2と4と6については不明である。

風変わりな先生もまだ研究の過程にいるという。

自分自身を体感する

大野百合子さんのことを知ったのはいつのことだっただろうか。

東日本大震災後、あるアパレルメーカーから発行していた『マーマーマガジン』を自社で発行することになり、雑誌じたいもリニューアルした直後だったと思う。『スピリチュアルかあさん』という娘の舞さんが描かれた漫画のシリーズが、とにかくすばらしくておもしろくて、『マーマーマガジン』に舞さんと百合子さんとにご登場いただいたのだった。目に見えない世界を、こんなにもカジュアルに陽気にたのしめるんだ、たのしんでいいんだって、そんなきっかけを百合子さん、舞さんのおふたりにいただいた。

昨年、数年ぶりに大野百合子さんに再会させていただいた。まずはお仕事でご一緒させていただいたのだが、いつか百合子さんのセッションを受けたいという夢も叶った。

セッションは、葉山にあるアトリエで行われた。

忘れもしない、夏の暑い日だった。

住宅街の坂の中腹に百合子さんのアトリエがあって、時間より少し早く到着したから家の前で待っていた。

そうしたら「ガッチャーン！」とそれなりに大きそうなガラスが割れる音がした。約束の時間はまだだったけれど、ピンポンを押すと百合子さんが出ていらして、「ビンを割っちゃったの！」と開口一番おっしゃった。ものが壊れたり、なくなったりすることも、『スピリチュアルかあさん』シリーズに登場するが、はじめて読んだときは自分だけじゃないんだと感動した。わたしがよくあるのは、カフェやレストランに入るとたいてい厨房で何か割れる音がする。ある時は、お店の照明が「どん」と落ちたこともある。電灯ごと落ちる経験は別の店でもあった。

なにか、自分に変わった力があるとかいいたいわけではない。ただ、よくものが壊れるし、壊れるのはいいことだと思っている。何かの肩代わりのこともあるだろうし、破壊することで、その場を浄化しているようにも思う（わたしを浄化してもらっているのかも）。整体の先生によると、エネルギーが体内に溜まりうまく循環できていないとき人はケガをすることで外に放出することがあるらしい。先日、前日に夕食を食べすぎたナと思っていたら、重いものに足を引っかけ逆の足を強打した。とても痛かったけれど、それまであった頭痛と肩こりがその瞬間消えた。その直後、整体師にからだを診てもらったところ、そのケガによって滞っていたエネルギーをうまく解放できたとのこと。実際スッキリしたし、何かがはずれた感じが確かにした。

自分の中で何かモヤモヤしていることがあったら、不要な紙をビリビリに破ってみたらいい。または割ってよいビンやガラスを安全な方法で割ってみてもいいかもしれない。きっと気持ちがスッキリするはずだ。プレゼントなどをもらったときは、その包みをきれいに開けるのではなく、ビリビリに開けるとよいと、文化人類学か何かの本で読んだこともある。破壊は、とても慶賀なことなのだ。破壊がなければ誕生もない。

百合子さんに招かれて階段を上がる。かつて娘さんの部屋だったかなという角の部屋でセッションがはじまった。

その頃の百合子さんは、もう、個別の過去生に行ったり、特定の前世を辿ったりしていないのだといった。それよりも、統合された自分を体験するほうが速い、と。そういうわけで、ベッドに横たわり、統合された自分、魂としての自分に出合うセラピーがはじまった。

あれは退行催眠だったのか、なにかわからないが、ある催眠状態になった。これまで前世療法などで体験したのと同じような感じ。意識は起きていて、いつでも目が開けられるけれど、でも、眠っているような。明晰夢を見ているような、冴え渡りつつ、でも、ふだんの意識ではない感じになる。
5、4、3、2、1のカウントで、「さあ、どこにいますか?」といわれたら、わたしは、森の中心にある原っぱのようなところにいた。
まわりは木々に囲まれており自分の立っているところは土である。そうして、自分はほとんど裸のような状態で、裸足で立っている。自分自身を感じる。わたしは何をしていたかというと、そこに立って、自分のからだを管のようにして、地球と宇宙とのエネルギーを行ったり来たりさせていたのだ!

感動したのはここからだ。

そのことを、木々が、土が、地球が、とても喜んでいるというのがはっきりと感じられた。自然の意識をはっきりと感じ、自分自身という魂、もっといえば、この世の魂すべて、すべての存在が、筆舌に尽くしがたいほど（このような文章ではどう表現しても表現がし足りないほど）すばらしいのだということを体感した。

涙がぽろぽろと溢れた。

魂の本質というものが、いかに尊くすばらしいのかを体験した。このような体験は生まれてはじめてことだった。非常に鮮烈な体験だった。

わたしは、存在することで、地球と宇宙をつないでいたのだ。

自分が自分であるということでこんなにも大きく感動したのははじめてのことだった。

こういった催眠による体験は、夢のようなものなのかもしれない。厳しく見れば、錯覚のようなものかもしれない。自分の脳が勝手につくりだす「物語」なのかもしれない。だとしても、だ。このような体験を、2時間ほどのセッションで味わえるとは。わたしにとっては、たいへんよくできた映画を観るよりも、はるかに深く、ユニークな体験だ。

何せ体感をともなう。しかも、自分自身という魂のすばらしさに触れるということは、この世界の魂、またこの世界自身のすばらしさに触れるという体験にほかならない。

それにしても、これが真実だとすると、わたしたちはどうしてこんなにも眠らされているのだろうか。進化した地球では、あの、すばらしい自分自身への感動をたずさえたまま、その愛の、至福の境地が常態になるはずだ。それは決してハイになっているという意味ではなくて、多幸症でもなんでもなくて、果てしなく無であり、同時に輝きが止まらないような、ただ愛の状態でいるような拡大した自己の状態なのだろう。実際に、そういう状態、24時間瞑想状態、普遍意識状態になっているだろうと思われる方々が、あの人、この人、とゆびおり数えられるように増えてきているように感じる。

悟り、目醒め、覚醒。名前は何でもいいけれど、眠りから醒める人々が、ヒマラヤの山岳地帯などではなくて、ごく一般の町に、目の前にリアルに現れはじめている。

ひょっとするとこの目醒めの瞬間のために、眠っていたのかもしれないなとも思う。

手放す

あるとき、東京の自然食品店の本のコーナーで「不食」の存在を知ったときは衝撃だった。本を買ってすぐに読んだ。どういうことなのだ。食べ物も、あるいは水も摂らずに生命が保たれている人が存在しているとは。

すぐにお手紙を書いた。不食……というか、プラーナ食を実践する弁護士の秋山佳胤《よしたね》さんに、である。

あれよあれよという間にインタビューをさせていただけることになり、当時秋山さんが行っておられた健康相談を受け、また本までつくらせていただくことになった。秋山さんのお話は、どこまでもこれまでの常識を超えていて、でもそのどれもがわたしには腑に落ちるものばかりだった。

「わたしの話を真に受けないでくださいね」

「アドバイスを受けるときは自分の自由を広げるかどうかでチェックしてください」

「心配を信頼に変えてくださいね」

「普通って、あまねく通ると書く。すごいことなんです」

「何が起こっても宇宙の計画です」

秋山さんは、陽気でほがらかで謙虚で冷静で頭脳明晰。やわらかいけれど、核心をついたことばしかおっしゃらない。独特の鋭さがある。しかも光のお話ばかりかと思いきや、闇や極闇のお話までされる。これまでの転生の中で体験してきた地獄を語るときの迫力といったら……。でも、同時に子どもみたいなのだ。いや、本当の子ども以上に無邪気。年齢不詳である。からだは小柄でいらっしゃるけれど、エネルギーたっぷり。まったくもって宇宙人そのものである。いや、本当に宇宙から特別に地上にやってきた使者にちがいないとよく思う。愛だけになった方々と幸運にもお会いする機会があり、ただその方が存在しているというだけで、その場が愛になっていくのだが、秋山さんはまちがいなくその中でも特別なおひとりだ。ご一緒するだけで、自分の愛の部分がどんどん拡張されていく。顔は自然にほころんで、からだはゆったりと深い呼吸をしはじめる。

そんな秋山さんが、2018年に出合ったのが、神聖幾何学を綿棒でつくるというワークだ。100円ショップで売っている紙の綿棒と木工用ボンドで、「ベクトル平衡体（シード・オブ・ライフ。以下シード）」「マカバ」といった立体をつくっていく。

このワークは、ただつくるだけで、わたしたちを「平面意識」から「立体意識」へと誘うという。一本一本が調和がとれていないと全体がつくれない。重力を感じるワークでもある。ただこの今という瞬間にフォーカスする瞑想そのものでもある。このかたち自体が、宇宙創成の根源のかたちをあらわしていて、これをつくるだけで自分自身の魂と共振し、本来の自分に戻らざるを得なくなる。悪性リンパ腫があり、からだのあちこちに転移してしまって、胸水、腹水がたまっていた人が、シード（女性性：陰）、マカバ（男性性：陽）の組子（一体になったかたち）を見ただけで、症状がよくなっていった例があるという。このかたちは「形霊《かただま》」なのだという。音霊《おとだま》のかたち版といったところだろうか。神聖なるかたちを見るだけでも、人間の心身に作用があるということなのだ。

秋山さんは、このワークは「手放すワーク」だとおっしゃった。実際、秋山さんご自身、このワークをはじめて、結婚生活を手放し、健康相談を手放し、最近では弁護士としての裁判案件もすべて解決してしまったという。どんどん軽くなっているという。本を読んだり、誰かの講演を聞いたり、瞑想したり、断食したりするのもいいだろう。セラピーやヒーリングもよし。パワースポットや神社へ行くのもいいだろう。でも、この神聖幾何学の綿棒ワーク、自分で手軽に安価にできて、ものすごく深い体験ができるんじゃないかと直感した。秋山さんが最初に送ってくださった、綿棒の大きな作品の写真を見るたびに、鳥肌が立ってとまらなかった。

2019年の春に、これもまたあれよあれよというまに、綿棒のワークショップを『マーマーマガジン』主催で行うことになった。主催するならまず自分でやってみなくてはと、綿棒を買いそろえたあたりから異変がはじまった。

忘れもしない2月18日月曜日。おなかを下しはじめたのである。

いや、折しも春だし。春っていうのは肝の季節で解毒がもっとも激しく起こる季節。純粋に季節の毒だしだと思った。しかし、日に日に症状は悪化している。30代のはじめに患った潰瘍性大腸炎の症状がぶり返しているようなのだ。甘く見られないと直感した。

わたしは急遽、ふだん行っている冷えとりを強化した。食事を抜くか減らし、長岡式酵素玄米飯を中心とした食事に変えた。カフェイン、アルコール、小麦、動物性たんぱく質、砂糖をやめた。やめようと思ってやめたというより、突然いらなくなってしまった。ただひたすら、酵素玄米とお味噌汁、おつけもの（ないしは野菜のおかず）を一日1回か2回、ごくわずかの量を食べるようにした。みるみる瘦せて、ぽっちゃりしていた顔もおなかもスッキリした。目の前でコーヒーを飲んでいる人やアイスクリームを食べている人がいても、まったくほしいと思わなくなった。

ある夜は、エドガー・ケイシー療法の日本の第一人者である福田高規さんに教わった「すべてのおかあさん」に来ていただくという方法もためしてみた。なんでも「すべてのおかあさん」は、大いなる全世界のおかあさん、なんだそうだ。その「すべてのおかあさん」を呼び出して、お話しする。わたしは、ここしばらくの食生活の乱れ、そして何より、自分本来の仕事をしていなかったことの懺悔をした。「すべてのおかあさん」というよりも、自分の母親のイメージが浮かんでしかたがなかったが、こころから詫びていると自然に涙が出た。この日がターニングポイントだったように思う。

そうして15日後。16日目にぴったり症状が止まった。わたしは、若い頃の、古い毒だしだったと悟った。2月はなぜかはわからないが、20代後半から30代前半によく聴いていた音楽を聴き直したり、当時解散したバンドがなぜか再結成したりしていた。28歳くらいから32歳くらいまでの間の「記憶」が解放された、と勝手に直感した。わたしの中の何かがはずれた。

綿棒ワークショップの日、秋山さんに、みれいさん、印象が変わりましたね、軽くなりましたね、といわれた。友人からは、顔色がよくなってぴかぴかになったと何度も顔を覗き込まれた。写真を撮影したら、自分のまわりに大きな紫色の輪っかが取り巻いていた。

毒だしが終わってから数日経ったある夜、シードとマカバの組子をつくってみた。つくるほどに、怒りがわいてきた。ここのところ、いいたいことをけっこう溜めていたんだなということがわかった。家の者にその夜と翌朝怒りを聞いてもらって解放した。

この朝、外ではこの春はじめてウグイスが、ホーホケキョと鳴いていた。まだ幼いのか、たどたどしい鳴き声を春の陽光に解き放っていた。わたしも、解放の声を春の日に囀《さえず》れるだろうか。愛だけの存在にますます近づいていけるだろうか。わたしは、よりわたし自身になっていけるだろうか。

結局、毒だしは一旦止まったあと、再びはじまって5月末まで続いた。約3か月半症状が続いたことになる。

最後の最後、5月末に症状が好転したのは、この本のゲラを編集者さんとデザイナーさんにまとめて読んでいただいた翌日だった。わたしは、霊性について書くことに並々ならぬプレッシャーがあったことがわかった。もっといったら、霊性についてものすごく表現したい気持ちと、こういうことを書くと誤解されたり叩かれたりするのではないかという恐れの気持ちが葛藤となっていたことに気づいた。お二人と打ち合わせをして、いよいよこの内容が受け入れられたこと、本当に出版できそうだということが、わたしを解放した。これは、ものすごく古い時代の記憶と関係していそうだとも感じた。

「こういった（霊性にまつわる）内容のことを堂々というと叩かれる」という間違った思い込みがわたしの中にまだあったのだ。即クリーニングし、統合し、手放した。

これが、宇宙原始のかたちをしているといわれる「形靈《かただま》」をつくり、見たことが発端となって起こったのではないかというのが、最近の毒だしの顛末である。

手放しても手放してもまだ手放すものがある。

前世の記憶

いつからか前世や輪廻転生のことを聞くようになったし、いうようになった。わたし自身は、2000年代になって、ブライアン・ワイス博士による『前世療法』関連の著書を読み、興味をもつようになったし、実際、ワイス博士に退行催眠を習った人から前世療法を受ける幸運にも恵まれた。その後、別の何人かの人からも、前世療法を受けたことがある。

ブライアン・ワイス博士の退行催眠で、なにより興味深いのは、たとえば理由もなく水が怖いというような恐怖症や、何をやっても治癒しない症状などが、前世の記憶を取り戻すことで治癒してしまうという点だ。

前世は、過去、現在、未来の、過去にあるわけではなく、同時に存在しているという。本来、この現象界でない場所は、時間も空間もない。3次元的な感性ではその実態がつかみづらいが、自分という魂は（自分が所属する魂は、といったらいいのかもしれないが）同時に過去世未来世も体験しているという。この説は、自由をもたらす。わかる・わからないを超えてゆかいな気分にさえなる。

一直線じゃない時間。確かに、今この瞬間、中学時代の、たとえば近所にあった坂道を夕日を見ながら歩いたことなんかを思い出しても、かなり鮮明に思い出せる。時間の秘密の一端を体験する瞬間、だろうか。

夢もそうだ。夢はほんの一瞬で見ているらしいが、ものすごく長く感じることもある。

そうだ、夢といえば、一昨日、こんな夢を見た。

わたしは、どこかの国でレストランを経営している女性のシェフだ。

そのレストランには男性のコックが3〜4人いる。そのコックたちに激怒しているのだ。

「こんなサラダをつくりたくて、レストランを経営しているんじゃない！」

そう、夢の中ではっきりとわたしは叫んでいた。そのサラダの内容まではっきりと思い出せる。コックたちがつくったのがあまりに古めかしいサラダで、本当に夢の中で心底がっかりしていた。ほかのコックにも別のことで怒っていて、「もう、いい。わたしがこのレストランをやめる」といっていた。

実は、わたしのこれまでの人生で、こういう場面が何度かあった。現在編集長のわたしが、夢の中で怒りを発散しているかと思うとわかりやすい。またこの夢を見たときは、初春で、春とは肝臓の毒出しの季節といわれている（だから人は春に花粉症になる）。怒りも出やすく、本当に自然と自分はつながっているのだなあと感心する。

レストランといえば、わたしは勝手にこんな前世もあったように思っている。

これは現世の思い出だが、東京の表参道にあったごくちいさなアパートの一室で、『マーマーマガジン』をつくりはじめた頃のこと。当時も来客の方や外部のスタッフさんに料理を食べてもらうことがあった。誰に対してつくったかは覚えていない。4〜5名の方々に、昼食をさっと用意した。料理の腕はともかく、複数の料理を同時進行し、迅速につくった。日々忙しいことを理由に、調理の速さはどんどん加速していた。ある人が、「服部さん、速ーい、すごーい」といった。

そのときだ。

わたしの中から、女の人の太い声がはっきりとしたのだ。

「4~5人、わけない」

4人分、5人分つくるなんて、たいしたことないと、その女の声はいうのである。その瞬間だ。フランスの修道院だろう。細く長いテーブルが2列並んでいて、数十人の人々がテーブルについている情景がありありと思い浮かんだ。そこでわたしは数十人の人々に対して、大鍋でスープなどを煮ているのを見た。

これが前世なのかはわからない。

そもそも前世療法で見たわたしの前世が本当かどうかなど証明できない。脳の中で巧妙につくり出した「お話」かもしれない。いずれにしても前世があるとかないとか、真偽のほどはわたしにとってはどうでもいいことで、それを知って、今の現実の生活にどう活かされるか、もっといえば意識の拡大にどう役立つかしか大事じゃないと思っている。自分が前世で誰だったかも。

先日、夫が、ものすごく確信めいた口調で、突然、「みれいさんは、前世で、ゼッタイ、有名店でシェフやってたと思う」といった。またシェフだ。自分は修道院以外で料理していたことなど見たこともないし、いわれたこともないし、聞いたこともない。ただ、自分はともかく、世の中の料理がうまい人って、前世で料理をしていた人なんだろうと思う。知識がものすごくあるのに本をほとんど読まない人もそうだ。前世でたっぷりと読書をしていたのだ。だから今生ではさほど必要がない。

そう考えれば、この人生で絶対にすべてを弾ききることが自分には不可能な、バッハのゴルトベルク変奏曲なんかも、死ぬまでにできる限り練習しておけば、その、何か、エッセンスのようなものが魂に刻まれ、来世ではまたその途中からスタートできるということか。

前世があると思うことや、知ることのメリットはこんなふうに受け取ればいいだろうか。自由な気持ちが拡大されるのだからこれは本物だと思っていいような気がしている。

なにが神秘かって

たかだか、10〜20年程度の霊的世界への参入で、語れることは多くないのだが、もう、前世がどんなだったかとか、エーテル体やアストラル体がどうであるかとか、アトランティス、レムリア、ムー大陸のことであるとか、どの星生まれかとか、非二元論的なものの見方とか、パラレルワールドであるとか、シャンバラの存在、宗教的な秘儀、幽体離脱、物品移動、人の瞬間的な遠隔移動とか、もちろん日常的なシンクロニシティも含めて、驚くこともなくなった。おもしろいな、ともちろん思うし、感激や感動もあるけれど、びっくり仰天ということは、もうあまりない。

特に前世が誰であるとか、どういう人生を送ったかとか、過去（といっても時間は同時だから同時に起こっていることなのだけれど）になんか原因を探って、それがどうだったかとかについては、もうどうでもよくなってきた。何か記憶が出てきたら、解放しておしまい。以上、という感じ。

前世は、基本、忘れていたほうが都合がいいから、生まれたあと覚えていないのだ。生前のことや、おかあさんのおなかにいるときのことを覚えている子どもは、そのことに何らかの意味があるから覚えているだけで、たいていの人が忘れてしまうのには、それに意味があるとわたしは思っている。

それでも、特殊な恐怖症があるとか、どうしても治癒しない症状、生き辛さの問題などがあり、前世を知って快癒するケースもあるから、もちろん、前世療法を受けるなどして前世を知り、腑に落ちることの意味もある。純粋な興味、たのしみとしてももちろんすばらしいと思う。むろん、前世を知っても治癒しないケースもある。

前世がどうであるか、誰であったかは、わたしは、本当に小指の先に、ほんの少し何か乗るくらいのことでしかなくて、そのことを一瞬知って、腑に落ちることは大事だが、毎日のようにその小指の先を見つめてそれだけを見て生きるのは違うんじゃないかな、とよく思う。年中前世のことばかり考えているとしたらあまりにどうかしている。今はどこ？　いや、この今、この瞬間に没頭して生きること以上に霊的なことってない。目の前のことにただ熱心に取り組むこと以上に、最高にスピリチュアルなことってないんだろうと思う。生きていることが神秘そのものなのだ。生きているということ自体が霊的な営みそのものなのであって、過去も未来も、この今、この瞬間にすべてがつまっている。

霊性にまつわることにまったく興味を示しておらず、情報も知恵もない人でも、珈琲を一生淹れ続けた名人であるとか、木の桶をただひたすらつくり続けた人であるとか、子育てを熱心にしている母親であるとか、数学のある研究をひたすらに行った人物、いや、何かを情熱的に成し遂げた人ではなくったって……つまりは、目の前に与えられた人生に没頭して生きた人は、霊的な扉を開いている人なのだ。

また、どんなに取り繕おうとも、格好つけようとも、その人物がどういう霊性であるかなど、何かをつきつめて行った人や、あるいは、今この瞬間に生きるという、それだけのことを本当になしえている人であれば、すべてお見通し、ガラス戸でできた家のようなもので、なにもかもが透けて見えてしまうのだろう。

「いやあ、親の顔が見てみたい」なんて、今どきいわなくなったけれど、でもその親とは、実際の親でもあるけれど、その人の先祖だったりもし、また、その人の前世だったりもするのかもしれない。

その人の現在の顔に、からだに、筋肉に、すべての情報は刻印されている。もっといったら、名前にも誕生日にも住んでいるところにも、その人の情報は全部入っている。よく手相なんかを見たりするけれど、同じ要領で、つむじ、とか、口の中（歯）とか、おへそ、とか、そういったものでも、その人自身が占えるはずだと思う。このこと自体もし本当にそうだとしたら、ただただ神秘である。

もうひとつ神秘というか、ふしぎだなと思うことがある。

わたしたちに前世がみんなあるとして、そこでのやりのこしたことや課題を、またこの人生で行う。出合う人は、みな、「袖振り合うも他生の縁」で、いつかどこかで交わった人物であるという。なにか、すべて偶然のようで、過去生から連綿と連なるご縁がまたしっかり眼前に現れること、これは、ただただ神秘だ。この世界は物語なのか。おおまかにシナリオがあるとしか思えない。そのシナリオの中で、自由意志が与えられ、舞台にあがって、アドリブも入れたりして劇をたのしんでいるかようだ。

何よりわたしにとって、最高の神秘が、それぞれの人生の課題（過去生からもちこした課題など）をもちながら、人間関係を営んでいくことで、双方の課題を行うのに共に好都合だという点なのだ。これがみごとというほかない。

Ａが Ｂの大切なものを盗んだとする。Ａにとってはこの償いが今生の課題だとする。一方、Ｂにとっても盗まれたことを許すということが課題だったりする。こういう関係性が果てしなく重なり合って世界となっている。このふしぎさといったら！　あまりに有機的に編まれたタペストリーのように、さらにはパラレルワールドも絡み合いながらこの世界は構築されている。信じられないほどの精妙さだ。

「自分が見たいように見ている」のが世界だとして、また、自分に内在されたフィルムをただ外側に映写して見ているのが世界だとして……その世界と世界が、無数に交わり、そこで、何かを感じたり、学んだりしていること自体が、あまりに大いなる神秘だ。苦難だらけの人生であるほど、その交差点も多いわけだから、体験《ストーリー》も深い。

とりわけ、深い恋愛関係や、親子の関係などは、そのタペストリーの重要な交差点である。しかもその交差点では今、そのあちこちで結びめがほどけ、解放され、消滅しているように感じる。

わたしたちはとうとう織り目のない一枚の布になってしまうのだろうか。

あたらしい魔女のはなし

ある夜、突然、めまいがした。

とっぷり陽が暮れて、でもまだ夕食前くらいの時間で、仕事場は全員出払っている。わたしひとりである。目が回りだした。天井がゆらゆらしている。

わたしは立ち上がって、うろうろしてみる。これは更年期障害か、それとも脳の病気か何かになったのか。何かの呪いなの？　まったくよくなる気配はない。座るとひどい。横になってみたら、もっとひどくなる。寝ていられないほどのめまいなのである。横になれないほどのめまいって一体……。

1時間ほど、部屋のなかを歩き回ったり、塩や梅を舐めてみたり、腕を回したり、外の空気を吸ったり、考えうることをあれこれしてみる。

しかし、だめだ。

吐き気までしてきた。

わたしは、お灸とマッサージが得意なスタッフを呼び、からだをみてもらった。そうしたら背中が異様に縮こまっているとのこと。お灸とマッサージで、ずいぶんよくなり、なんとか夕食もとれたが、寝るまで頭はふわふわしていた。

翌日わたしは風邪をひいた。

あまりに突然のことだったし、こんなかたちで風邪をひくのは珍しく、自分のからだに起こったことからしばらく離れられなくなった。自分の身に何が起こったのか？ 症状は風邪のようだったが、本当のところは名前がつけられないような不思議な状態だった。

その翌日、わたしは、30年ぶりくらいに演劇をすることになっていた。星の坊主さまという、長野で有機農を営みながら星の話をつむぐ活動をしているこじょうゆうやくんがシナリオを書いてくれた。しかも、ただの演劇ではない。出演者の前世に関係がある演劇とかで、わたしは魔女の役を演じるのだ。

こじょうくん曰く、わたしは有史以前の信じられないくらい昔のこと、魔女だった。自分の感覚だと魔女という呼び名も実はしっくりこないから、劇中でつかった「森の人」ということばに換えて説明したいと思う。

森の人は、かつて薬草やユニークなテクニックをつかって、ひとびとのこころやからだを癒していた。わたしはそういった森の人たちの長であったらしいのだ。西に高熱のある人がいると聞けば、飛んで行って治し、東にこころを病む人があると聞けば、飛んで行って薬草を飲ませて癒したという。

森の人はこれという仕事に就くわけでもなく、めいめい、好きなことだけをして過ごす。でも、食べるのに困らない。天と地と完全につながり一体化しており、目に見えるものも目に見えないものも同じようにわかり、通じあう、そういった存在だ。森の人に「こうすべきこと」はなにひとつない。ロシアの物語「アナスタシア」と酷似している。

だが、当時も、こういった森の人の自由でふしぎな力をおもしろく思わない勢力がいた。国を統治する男たちや宗教家らである。一神教の彼らは多神教やアニミズムの感覚で生きる森の人がよくわからない。わからないだけではなく、脅威になっていった。そうして行われたのが、魔女狩りである。わたしは過去生でなんども、魔女狩りで亡くなっているとこじょうくんはいうのである。しかも、今生の夫は、その時はどうやら体制側の人間だったらしいと……。

今回の演劇では、この「魔女狩りはなかった」というバージョンを行うことになった。夫が実際に騎士団長役を演じ、森の人を偵察すべく近づいていく。しかし、もう、魔女狩りは起こらない。森の人と融和し、国王や政治家たちをも、森の人と調和させてしまう世界が演劇の中で行われた。

この演目を演じる2日前に、わたしは強いめまいに襲われて、風邪をひいたのだった。丸一日寝込み続け、劇がはじまる1時間前までわたしは突っ伏していた。心配したスタッフたちが、もう演劇はやめて休んだらといったが、どうしてもこの演劇だけは出ると言い張った。

演劇は、即興的に行われた。

わたしは殺されなかった。

完全な融和が行われた。

政治家と森の人との融和。男性性と女性性の融和。違うままひとつになった。

こじょうくんもいっしょに、スタッフみんなで演じた。

いや、演劇自体は拙かった！　ただ、森の人は全員で5人いたけれど、本当に、森の人として生きていた仲間のような感覚がみるみる全員によみがえったのである！　騎士団長を演じた夫は、劇中、政治家に「おまえはどうしたいんだ！」と迫られたときに、「（過去生でいつも時の為政者のいうことばかり聞いていたため）なんと劇中でも本気でどうしていいかまったくわからない、という気持ちになった」といっていた。

実際、観客の人たちは、カーテンコールでなぜか泣いていた。

アフタートーク後、こじょうくんらと食事をして、翌日見送った。

見送った瞬間に、体調はぴったりとよくなった。

一体何が起こったのか。

実際、自分でもよくわからないけれど、物語を演じることによって、何かの記憶をすっかり書き換えたんだと思う。ただ、自分に染みついたストーリーの重みがわたしからなかなか離れず、「こんなに簡単に別のストーリーできちゃっていいの」って受け入れられなかったような気がする（実際わたしは、演劇の前日寝込みながら、「脚本通りにやらずに、騎士団長（夫）の首をしめてみようか」などと考える妄想が止まらなかった）。

２０１８年のちいさな秋に、ごくごくひっそりと、素人が演じた演劇でも、現実の世界に対してなにかしらの効力があったように感じる。

物語でやり直すと、本当に、その歴史も書き換えることができるのじゃないか、と。歴史の、ふしぎな、あたらしい更新。

実際にこの演劇によって、古代の森の物語もすべて書き換わったのだと思うのは楽観的すぎるだろうか。

でもわたしは確信する。

今が変わると過去も未来もちゃんと変わるのだ。

霊性に充ち満ちる山あいの町にて思うこと

大都市からちいさな山あいの町に引っ越した。

住んでいる場所は、地方都市の中でもごくちいさな地域に属すると思う。市としては存続できないかもしれない人口約2万人の町。暮らしはじめて数年経ってもなお、あらゆることが刺激的だけれど、山奥へ行けば行くほど、霊的な世界や世界観は暮らしに根づいており、今住んでいる地域でも、よくそのことを痛感する。

まず、個のなりたち、アイデンティティの構築のしかたそのものが、大都市のそれとはまったく違う。町内などで大掃除をしたり、お祭りの準備、ないしはお祭りをするときなど、個は消滅し、ただ茫漠とした共同体の中に、頭を無にして、いや自己を透明にして存在しているような気持ちになってくる。

はじめての体験は、近所の小川の掃除だった。実際に手を動かし掃除をしているのは、5名ほどの男性。残りの約20名ほどの女性男性は、箒をもったまま、長ぐつをはいたまま、じっとおしゃべりしながら見守っているのだ。時間にしても結構長い。これが大都市だったら、すぐにシステムが改訂されることだろう。もっと合理的に人数を減らすとか分担するとか。しかし、おそらくそういった合理性は、ごくわずか、徐々にしか介入できないようになっているように見える。

実際、合理化、近代化された習慣もたくさんある。お祭りのときに昼食を手づくりするのはやめて、お弁当やさんのおにぎりとペットボトルのお茶にするとか。お葬式は専門の会場で行うだとか。しかし、精神のほうはそう簡単に合理化されないのだろう。ただ集まって、そこに存在していることが参加していること、というような共同体のありよう自体は、なかなか変化していかなそうである。春のお祭りの時、お手伝いの当番が回ってきて、でも何もすることがなくつっ立ってばかりいたら、「ここに居ることが仕事やよ」といわれてびっくりした。

最初は、わたしはこの情景を、実に都市的、合理的、あるいは西欧的資本主義的な見方で捉えてしまった。時間がもったいないし、意味ないじゃん！　と。若い人が田舎を離れる理由もよくわかる。ぐちゃぐちゃと自己と他者が入り混じっている。一見どうでもいいようなおしゃべりが延々と続く。

でも、割合早く、これは決して意味なくない行為なのだとわかりはじめたし、この個の構築のしかたが、いやこの構築のしかたこそが、古くから日本人の精神性のなごりであり、何よりそれを霊的であるとすら感じるようになった。田舎での個は、共同体から分離していない。共同体に自己が溶け込むことで、奉仕しきることで、一体化している。そこから分離した自己や、表現や、アイデンティティなるものは存在しないのだ。

この姿がなぜ霊的だと感じるのかというと、わたしたちは本来、ひとつの根源のエネルギーから生まれたのであって、すべての存在がつながっているとすれば、この田舎の共同体と個のありようは、この宇宙のありようの似姿なのではないかと思うからなのだ。この、決して個としての自己を発露しない感じ、他者と自己の境界線があいまいな感覚、共同体にすっかり溶け込んでしまうありようは、本来、長い歴史の中で人間が培ってきたあるひとつのやりかただったように思う。

実際、この町の人の多くは、八幡神社の氏子であり、霊的な話題をふってもすんなりと受け入れられる土壌がある。そもそも祭り自体が非常に霊性を帯びている。春に2日間にわたって行われる祭りでは、信じられない重さの神輿を、相当の距離、担いで練り歩く。ご祝儀が出た家の前では、何度も何度ももちあげられる。担ぎ手は、驚くべき量の日本酒を直に樽で口に含ませられる。朦朧の極致。こんな神輿が子ども神輿も含めて31基も、町に出現するのである。

町内ごとに和太鼓や笛などの楽団もある。その数11。子どもたちが神さまに捧げる歌を歌い、大人衆たちが後ろで拍子をとる、そんな町もある。子どもたちの頭には、タコ、イカ、サカナといった摩訶不思議な被り物が載せられ、化粧をし、着物を着て練り歩く、そんな町もある。町全体がファンタジーの中にいるようなのだ。ジブリの映画や『君の名は。』の世界にのみ存在しているかのような霊性が、あまりにあたりまえの顔をして、祭りのときには表出する。

日本はもう長い間近代化し、資本主義の世界を繰り広げてきた。

人々は、ある経済システムのルールに従って、学校へ通い、社会のルールに従い、時期がきたら就職して、マイホームを購入するなどの、ある世界観や価値観を共有してきた。もちろん、田舎にも（いや、田舎にこそ）昭和風味ではあるが資本主義的な価値観は流布している。勉強をがんばり、受験に勤しみ、どこに就職したかを、実に近代的な感覚で話してはいる。しかし、なのだ。人々の中には、消滅しきらない霊性が、都市の人々の何倍も息づいている。特定の宗教を信じている・信じていない、あるいは、神社の氏子である・ない関係なく、この地域に住んでいるということで培われる霊性が確かに存在する。目に見えない世界を理解し、なにか尊いものを尊び、自然や神を敬い、敬虔さを発露するような態度が静かに確かに息づいているのだ。

驚くほど自然と近いこと、自然と一体化して暮らしていることと、この霊性の存続は関係あるに違いあるまい。自然には、おのずと霊的なものが調和して存在していて、その中に長く身を置いていれば、自然や神への畏敬の念など、黙っていても培われるのだ。

今年も春になれば、あの笛と太鼓とお囃子の声が町に轟く。神輿は町中を練り歩き、担ぎ手は日本酒にまみれ、朦朧とした精神を人々の渦の中に溶け込ませていく。

では一体、都市化した土地の霊性はどこへ行ったのか。霊験あらたかな山肌、見るだけでこころが清められる川筋、驚くほど多様な微生物を含んだ風にあたらないまま、祭りもなく、真っ暗になってしまう夜もなく（田舎の夜はおもわずおそろしくなるほどとっぷりと暗い）、儀式も共同体もないとしたら……。

わたしは霊性は、人にとってのある種の栄養であるとも感じる。もちろん、肉体にくっついている何かでもある。光の中に立てば影ができるように、鏡に姿を映せば鏡の中に姿がうつるように存在する何かだ。

万が一都市に霊性が消滅しつつあるのだとしたら、それこそがこんなにまで、精神世界について大勢の人々が興味をもつにいたる原因かもしれないと思う。クラブ？　フェス？　音楽？　あるいはドラッグ？　カルト宗教そういったものが肩がわりしようと手を差し伸べているのかもしれない。時に、ミニマリズムや、SNSや、ヨガや、アメリカのITの人たちがハマっているような最先端の食べ方の情報や、発酵文化の見直しや、縄文ブームあるいはゲームやアニメや、コスプレや、なんらかのファッション、お金の使い方、片付け、そういったものが、霊性への飢えを潤しているのかもしれない。霊的なものを毛嫌いするような社会をつくっている大元が、実は今もっともカルトがかっているのかもしれない。

行く先を失った霊性は、今、いよいよ居場所をもとうと活気づいているように感じる。いや、人間のほうの霊性への飢えがはっきりと声をあげはじめているといったらいいだろうか。宗教でも、何か偏った特定の思想でもなく、ごく一般的な暮らしの中で、霊性は復権し、人々はそれを受け入れはじめているようにも思う。

少なくともあたらしい感性をもった若い人たち、子どもらは、非常に高い霊性とともにある。あたらしい時代は、目に見えない世界も、目に見える世界同様の価値をトンデモでもあやしくもない方向で認知する、また政治や宗教や権威とも結びつかず、人々が個人的に霊的な世界をたのしみ味わう、そんな時代になると霊性に充ち満ちた田舎町の山々にまぎれながら、勝手に妄想し、予見している。

愛の時代は、ひとりひとりが選択しさえすればもうすぐそこまでやってきている。

植物たちとのまじわり

わたしの父は55歳でサラリーマンを早期退職して有機農業をはじめたのだし、その父の母である祖母だって畑や養鶏をして子どもたちを育てた。母方の親たちもみんな畑や田んぼに携わっていた。

90年代初頭、父から手伝わないかと誘われていた頃なんていうのは、わたしなぞ、都市の喧騒に紛れていい気になっていたのだから、畑や田に気持ちが向くはずもなかった。空気が汚れているくらいのほうが、あの頃の自分に合っていた。実家から東京に戻るとき高層ビルが見えてくると、こころから安堵するみたいな自分だった。

あの頃から約10年。２０００年代になってからコツコツと創刊準備していた雑誌のコンテンツは自然とともに生きるということだったし、周囲も自然の暮らしを希求する人が増えていった。

だが、自己に決定的な変容を促したのはそこからさらに約10年後、2011年3月11日の東日本大震災だった。あの瞬間、わたしは渋谷にいた。何が本当に起こったのかわかるまでに時間がかかった。ただただ唖然とする日々を過ごした。怒りも湧いた。自分に。恥ずかしいとも思った。もちろん、それまで積極的な策をもたず、（雑誌はつくってはいたが）実行もせず、生きていたことが恥ずかしかった。でも、何をどうしていいのか、すぐにはわからなかった。

2011年の年末、父が読んでいた中島正さんの『都市を滅ぼせ』（双葉社）を読んで、ようやく、少しだけ、わかった。わたしのもやもやのわけが何だったのか。どうして怒りと恥ずかしさが湧いてきたのか。このあたりのことは別の本でも書いているからくわしくは割愛するとして、簡単にいえば一極集中型、経済最優先の都市生活に対するモヤモヤだったのだ。わたしは、正さんに背中を押されて、岐阜の山あいのちいさな町に引っ越すことにした。2015年の春のことだ。

引っ越した直後から畑ははじまった。1年目はあまりに意気込みすぎて、自分としては自分らしくはできなかった。でも、本当に、少しずつ、だんだんと畑とのつきあいかたがわかっていった。いや、実際、父が相当の割合で「子守り」ならぬ、畑守りをしてくれている。それでも、種をまき、様子を見、収穫するというサイクルを間近で見る行為は、これまで体験したどういう体験とも違うよろこびとたのしさがある。

信じられない数の雑草。そこに生える野菜やハーブ。名も知らない虫たち。土。雨。太陽。空を鳥たちがゆうゆうと飛び去っていく。花が散り、実がなるふしぎ。畑は、渾然一体となって、生きるというエネルギーを発し、人に自分の身を分け与えている。こちらが行ったより、想像を超える収穫をわたしたちに無言のうちに与える。陽はのぼり暮れなどし、月は満ち欠けしている。季節は重なりながら巡っている。時はグラデーションで連なっているのだ。いや、畑に立っていると、そこに時空を超えた次元が折り重なっているようにさえ思う。微生物たちによる沈黙の中の饒舌な営み。畑を歩くと、わけもなく胸がいっぱいになって泣きそうになることだってある。いや、こんなことばでは足りない。言語化が不可能な世界が畑では繰り広げられている。自然と人間のまぐわいの場。これを、どうことばにしろというのだろう。

やたらと敏感な感性があるヤスコちゃんは、仕事で美濃にくると、一緒に畑に来てくれる。そうして、「みれいさんの畑は白くもわっと霞がかっているんですよ」という。わたしには見えない。でも、ヤスコちゃんには見えているらしい。もわっと白いものっていったい何なのか。

田んぼはもっとすごい。無農薬無肥料の田んぼは、本当に、もう、聖地だ。そこにただしばらくいるだけで、からだやこころが弛緩していくのがわかる。圧倒的に肯定されているような、ここにいるだけでいいという気持ちにほんとうになってくる。手で行う田植えや稲刈りの作業も、決して労働ではない。こういうのをほんとうの仕事といったらいいんだろうか。腰が痛かったり、からだが疲労したりはする。でも、独特の喜びとおもしろさがある。収穫のたのしさは、生きるということに直結した独特のたのしさ、と思う。田んぼには梅の木があって、大豆が植わっている。ここだけで、ごはん、お味噌汁、梅干しができるのかと思うだけで、とてつもない安堵感に包まれる。好き・きらいとかじゃなくて、誰の身にも駐車場1台分くらいの一枚の畑と一枚の田んぼがあったなら、人生のあたたかみと安心感が違ってくるように思う。自分が食べるものを自分でつくることは世界と密に関わるということなのだろう。それが得もいわれぬ充足感と考えるのではないか。

農民で作家の山下惣一さんと、大野和興《かずおき》さんとの共著にこんな箇所があった。

松田先生の教えに「百姓の五段階」というのがあります。第一段階つまり最低のレベルは「生活のための百姓」。国がつくってきたのは最低レベルの百姓なんですね。その上が「芸術化の百姓」。百姓仕事に芸術を感じて打ち込むと、これが楽しい世界なんですよ。金はあとからついてくる。第三段階は「詩的情操化の百姓」。農のくらし、田園にポエムを感じる。四季折々のうつろい、農作業、鳥の鳴き声、赤とんぼの世界ですね。第四段階が「哲学化の百姓」。「天地の声なき声を聞く百姓になること」「世の中の真理を哲学という。われわれの哲学は土の哲学である」。つまり自然の仕組みを理解することをいっているわけです。いよいよ最後が「宗教化の百姓」。農業こそ神仏に近づく道であると説いた。

『百姓が時代を創る』(山下惣一、大野和興＝著　七つ森書館)より抜粋この抜粋中の松田先生とは、松田喜一さんという農村指導者で敗戦直後から昭和30年代半ばまで農民に大きな影響を与えた方だそうだ。

わたしは、農業を行っているつもりもないし、しかも「業」がつく農は門外漢だから、どの段階ですらないけれど、でも、この5段階の話を聞いてなるほどと思った。ほんの数年、ほんの少しの畑を、かなりいい加減に行っている者でも、この5段階を想像できるような、そんな体感が、畑にいれば、ある。もちろん、無農薬無肥料で行っているせいもあると思う。

この本のこんなことばも印象的だ。

農業の深さというのはサラリーマンではわからないところがある。サラリーマンからみると、われわれがやっていることはたんなる労働にみえるかもしれないけれど、けっして労働じゃないんですね。私は、労働と仕事は違うと思っています。だから労働は苦痛になり、「減らせ」ということになるわけです。そして、くらしのためにやるのは仕事、くらしの糧を得るためにやるのが労働だと考えています。いわゆる合理化、効率化です。それに対して仕事は、自分が生きていくためにやることだから、コストなどないですよね。

同書より抜粋

畑や田んぼに携わるというのは、この、労働ではなくて、仕事に一歩、踏み入れる体験だとわたしは感じている。畑や田んぼは、ただ新鮮でとびきり美味しい食べ物が得られる場というだけでなく、美の世界に自分が没頭する場でもあるし、詩的情緒が満たされる場所でもある。没我の境地に陥りやすく、哲学的な発想や、宗教的な感慨だって、容易に感じられる場なんだろうと思う。労働でなければ。つまり、1~5段階を、畑や田んぼでは部分的にであるにせよ体験しやすい場なのだ。畑の畝を歩き、野菜やハーブたちにこころの中で語りかけるとき、はっきりと手応えがある。植物の声が聞こえるとはいわない。でも、確かに、何かを感じる。わりあい科学的論理的唯物論的思考をする父でさえ、野菜の育て方について質問をすると「野菜の声を聞いてやりなさい」なんて平気でいう。

植物は、わたしたちに、身をていしてみずからを分け与えようとしている。「どうぞ」と愛を差し出してくれている。土と光と微生物と水とで循環する世界は、とうてい人間では創り出せない、信じられないメカニズムを見せて圧倒させられる。時に畑で、恍惚となる。純粋に、うつくしくもある。めぐる季節のサイクルにだって感服する。芽がなり、葉がつき、花になり、実となり、また枯れ、枯れた葉などが土に還り養分となる奇跡。こんなもの、人工的なものにありますか？　人間にゼロからつくれますか？　と大きな声で問いたい。

わたしは、一体、何に感動しているのか。わたしは、もちろん物質的にあらわれるものに反応している。でも、そこに渦巻くエネルギー、動き、働き、システム、見えない力、フォース、そう、植物のもつ霊的な作用にこそ感動しているのだとも感ずる。ヤスコちゃんのいう「白くもわっとしたもの」とは、植物の精霊なのかもしれない。

目に見えないものは、ある。愛はあると、いや自然は愛なんだと、畑に立つとよくわかる。

川と地球の愛について

護岸工事されていない川が好きだ。

コンクリートで整備されていない、できる限り野性のままの川。

日本だとほとんど見る機会がないけれど、たとえば、静岡県の柿田川を見たときの感動をどう表現したらいいだろう。こころの奥が、ふわっと明るく開くような、うれしい気持ちになった。

だいたい、どんな川だって、うつくしい川が好きだ。いつも、いつも、流れがあって(もとの水にあらず)、海へつながっていくというのもなんとも広々とした気持ちになる。

流れが岩にあたりしぶきをあげるさまも見ていて見飽きない。水面は、光り輝き、音もいい。川は完璧だ。

柿田川は、護岸工事されていないあたりに、湧き水が出ているところがある。信じられないようなエメラルドグリーンとブルーの色が重なって輝いていて、そこからもくもくと水が出ているのである。湧き出る水によって、底の砂が黒く輝き、煙のようにもくもくしている。きっと誰もが吸いよせられるように、その湧き水を見てしまうはずだ。湧き出る水には、えもいわれぬ魅力がある。いくらでも出てくるというところにこころがどうももっていかれる。しかも、このもくもくと湧き出る水は、富士山から流れてきているもので、なんと1日100万トンにもなるという。100万トン。

わたしは、地球の愛を柿田川に見た。

自然はわたしたちにこんなにも与え続けている、と。

あるとき、銀座六丁目のビルから階下を眺めたとき、この銀座の通りに、うつくしい川が流れていたらどんなに風光明媚だろうか、どんなに豊かな気持ちになるだろうか、本当の意味でなんとリッチなことなんだろうかと、しばし夢想した。いい加減な人工的な川ではない。本物の川である。人間のテクノロジーが本気を出せば、そんなことも本当は可能なんじゃないだろうか。都市にとんでもなく純粋な自然が立ち現れたなら。こんな想像ほどたのしいことはない。

自然の愛をあまりにあたりまえと思い、時に無視し、ないことのように振る舞い、消費し、浪費し、むちゃくちゃやっている放蕩息子。これが現代社会の人間の姿だろうか。地球自体は、どこまでも、いつだって、愛を発している。

わたしはたびたびその愛に振り向き、凝視する。

愛としての犬、そして猫

まさか自分が犬を飼うとは思っていなかった。

自分は完全に猫派で、飼うならこれからも猫だろうと信じていた。

だいたい子どもの頃から、転勤族だった我が家に、大きな動物がいたためしはない。

唯一飼っていたのは、インコのピッピちゃんだけだ。

2017年の忘れもしないクリスマスイブに、突如、美濃柴犬なる日本犬を飼うことになった。まさかの育児ノイローゼになりながら（本当になるのだ。犬は夜泣きもする。ちなみに犬は、想像妊娠もするらしい）みんなで大切に育てた。なんとか成犬になる頃には、これまで湧いたことのない犬への理解と愛情があふれて、なぜ人々がペットロスになるのかもよく理解できた。

犬は、散歩を好む。

うちは一日2回ほど散歩をする。散歩をすると、行き交う人の誰が犬好きで誰が犬好きじゃないかすぐわかる。犬が好きな人、興味がある人は、すぐに犬に気づき、ずっと見ている。もちろん話しかけてくる人もいる（土手などで土筆《つくし》を探しているとき、最初はわからないけれど、だんだん「土筆目」になり、土筆がすぐ探せるようになるように、「犬目」があるように思う。犬目をもっている人は、すぐに犬に気づき、犬に意識を向ける）。

いやあ、この世界には、犬がいる世界を世界としている場があるのだと、犬を飼いはじめてよくわかった。犬を飼っている者どうし、無言のやりとりだってある。もちろん犬どうしもある。犬など、散歩へ行ってあたりを嗅ぎまくり（歩くというより嗅ぎに行くという行為に見える）、情報収集に余念がない。

犬と人にもある。わたしが尊敬しているTくんという人物は、犬から溺愛されている。なんでも子どもの頃、飼っていた犬を、野犬から血まみれになって救った経験があるそうだ。そういう情報は、犬から犬へ、犬テレパシーによって世界中の犬に伝わるのではないか。うちの犬などTくんに会うと、ほかの人には見せることのない愛を表現する。別の犬がTくんを愛しているところも見たことがある。

きっと、子どもがいる世帯も同じような仲間意識とまではいかないまでも、共有する意識のようなものがあるにちがいない。無言でつながっている何か。もちろん、趣味などでもあるのでしょうね。道ですれ違って「あ、あの人も」と無言で思う瞬間でつながっていることがわかる世界。アンテナも無線ランも必要としない情報網。

犬を飼うようになって、本当にこれまで知らず、そして気づいたのは、犬は愛そのものだということだ。なぜ、人々がこんなに動物が好きなのか。犬好きや、猫好きがいるのか。簡単なことだった。動物たちが、愛だからだ。人々は愛に惹かれる。猫だって同じだ。わたしがかいたあぐらに、しずしずと乗って、丸くなって眠るとき、猫は、愛だ。愛のかたまりが、わたしの足の中で眠っている。これはたまらない気持ちになるし、ありがたい気持ちにもなる。

犬は、愛として生き、愛として歩き、愛として食べている。愛が躍動している。思わず抱きしめてからだを撫でてやる。ゆるく尻尾を振り、犬もわたしをなめるなどし愛を交換する。

以前わたしが、縁側であるマッサージを受けていた。犬はすぐそばでそれを見ていた。マッサージの後半で、からだを手でぽこぽこと軽く叩く手技になった。そうしたら、犬は、突如施術者に吠えた。「やめろ！」といっているのだ。「ご主人さまを叩くな‼」と吠えるのである。犬ならではのわかりやすい愛の発露である。

こんなわかりやすい愛の顕現を、わたしたちは容易に感じながらこの世界を生きるという恩恵を受けている。

そして

最近読んだ本

霊性や霊的な世界について知る機会は、日々の生活の中に無数にある。霊性を意識しながら暮らしてみれば、いたるところに自分自身へのメッセージは溢れており、気づきの重なりが続いていくことになる。

何か不快なできごとが目の前で繰り広げられているとする。霊的な視点がなければ、「不快だな」と思って終わりかもしれない。さらには、不快さを引きずってその後の時間を台無しにするのかもしれない。その対象に何らかの対応をするかもしれない（文句をいうとか）。でも、もし霊的な視点があったなら……ホ・オポノポノなら、ただちに目の前のことを「記憶」としてクリーニングする好機となる。エドガー・ケイシー療法にもとづき治療を行う福田高規さん流に行うならば、「どんな感じかな……」と、そこに善悪正邪をもちこまずに、ただ感じるという機会にできる。並木良和さんならば、ただちに「統合」のチャンスとするだろう。眼前のできごとに、こころの中で重さや色、質感を感じ、それを宇宙のかなたに解き放つ。やがてそれらは金粉にかわって自分に降ってくる、*というイメージをもつ。それでおしまい。わたしにとってのごく現実的な霊的な対応とは、ざっと、こんな具合に行われる。

　もちろん、人そのものに気づかされることも大いにある。霊的に成長を遂げつつある友人・知人から、覚者にいたるまで、どの人物と会っても霊的な刺激を受ける可能性に常に満ちている。特に意識が拡大している人物に会えば、自分自身の意識も自動的に変容する。根本的にほがらかな人物に会えば、自分もおのずとほがらかになる。何か、自分が冴えてくるような、気づきが深まるような、新鮮であたらしい気持ちになるような、そういう体験をもすることになる。

　その上で、わたしにとって霊性への目醒めを促す重要な存在が、あるジャンルの読書体験なのだ。霊性、覚醒、悟り、愛、宇宙意識、純粋意識……いいかたはいろいろあるかもしれないが、かれこれこの15年近く、こういった分野の本の、わたしは熱心な読者だ。

シャーリー・マクレーン『アウト・オン・ア・リム』、ブライアン・ワイス博士『前世療法』にはじまり、何でも読んだ。ネイティブアメリカン、タオ、シュタイナー、クリシュナムルティ、中村天風、ヒマラヤ聖者にまつわる本、インドの覚者たちの本、チャネリング本だって読んだ。

そんな中で、とうとう、といったらいいか、満を持して大変な読書体験となったのが葦原瑞穂さんの『黎明』という上下巻の本なのである。

どうしてこの『黎明』を読もうと思ったのか。確か、短い期間に、葦原瑞穂さんの名をあちこちで聞くチャンスがあった。そうして自然と本に出合った。1ページめを開いてからは、高速のボブスレーに乗ったかのごとく、ページをめくる手がとまらなかった。たいへんな読み応えだった。

『黎明』をひとことでいうのは非常に難しい。霊的な世界がどういうものであるか、霊的に生きることがどういうことなのか、も、そうであるが、何より、次元上昇（アセンション）が何であるかを、膨大な情報量と、ていねいな筆致でわかりやすく示した本だ。

いや、非常に難解な側面もある。でも、葦原瑞穂さんの、霊的な世界を説明しようとする情熱と真摯かつクールな態度がすばらしく、かつてないほど引き込まれた。

簡単にいえば、「黎明」とは、いよいよ眠りから目醒めるときだ、ということだ。とりわけ「普遍意識」なるものの説明によって、あたらしい時代に、普遍意識に目醒めて生きる（アセンションして生きる）ことについて、てらいなく、かつ極めて高い明晰性を保持した文章によってわかりやすく語られている。

少し長くなるが、この本のあらましを説明した序章から、抜粋させていただく。

自分とは何でしょうか
なぜ　意識というものが在るのでしょうか
どうしてあなたは　今ここにいるのでしょうか
人生には目的があるのでしょうか
私達の生活している　この世界の本質は一体何なのでしょうか
世界は何のために存在しているのでしょうか

本書では、これらの人類にとっての永遠のテーマに、真正面から取り組みます。この目的のために、様々な専門分野の多くの知識の中から、それぞれ単独ではほとんど意味を成さないでいたり、その背景を理解することが難しかったテーマを、分野を超えて関連させることから始めて、その背後に浮かび上がってくる、人間の意識と宇宙の驚くべき仕組みを探っていきます。

（中略）

この本の執筆に当って、様々な分野を関連させる作業を進める中で明らかになってきたことは、二十一世紀初めの頃までの人類が抱えていた数々の問題、例えば個人やグループ、民族や国家の間で生じる争い、病気、貧困と飢餓、経済の混乱、犯罪やテロリズム、教育の昏迷、そして環境の破壊や自然災害といった様々な不調和な現象は、その全てが、人間の内的な問題に起因しているということでした。このような不調和な現象は、物事を宇宙全体との関係として把握するのではなく、表面的な幾つかの現象の間でしか捉えることができないという、二十一世紀初め頃までの地球人類の平均的な意識レヴェルと思考様式そのものに本質的な原因があり、その必然的な結果として、特定の目的を全体への影響を考慮せずに実現しようとしてきたこと、つまり個人や特定のグループ、一企業、一つの民族や一国家、もしくは人間のみの利益を、全体の調和よりも優先させてきたために生じたものです。

このような全体への配慮が欠けた、未熟な選択によって引き起こされた歪みは、二十世紀末から二十一世紀始めに架けての地球の大きな変動の時期に、一挙に表面化することが解っており、そのまま放置すれば、地球上に大きな混乱が生じる可能性もあります。その一方で早い時期に適切な対処さえ為すことができれば、スムーズに新しい時代の地球に移行することのできる状況に地球人類は置かれており、この重大な選択がこの時代の私たちひとりひとりに委ねられているのです。

結論から先に言えば、私達が現象として抱えている問題の一切を消滅させるただひとつの方法は、私達のひとりひとりがこれまで主に使っていた肉体感覚や感情の意識レヴェル、そして論理的な思考の意識レヴェルを超えた、宇宙全体を一度に把握することのできる、本来の意識状態を取り戻すことにあります。詳しいことは本書の各章で随時述べていくことにしますが、こうした本来の意識状態への移行は、地球人類の一過程として、既に始まっていることなのです。

この宇宙全体を一度に把握する意識のことを、本書では今後「普遍意識」と呼ぶことにします。この普遍意識は、これまでの数千年間の地球の歴史に限ってみても、人類の進化の魁と成った様々な人達を通して顕れてはいたのですが、周囲のほとんどの人達は、それを自分達の制約された意識状態に映して判断することしかできなかったために、普遍意識について理解することは勿論のこと、その存在についてさえ、なかなか知られることはありませんでした。普遍意識は、様々な分野で先駆的な仕事をした天才達の意識であり、宗教家の言う悟りの体験でもあります。

ニューエイジと称される時代や、アセンションと呼ばれる現象は、これまで一部の天才たちを通して顕れていた普遍意識が、地球上のほとんどの人達にとっても日常的なものとなっていく過程で起こる様々な現象を総称していますが、この言葉も大勢の人達によって色々な意味に使われるようになって、誤解を招き易くなりましたので、本書では、「人類の意識の夜明け」という意味で、「黎明」という言葉を使わせて頂くことにしました。

目次はこのようになっている。

[上巻]

『黎明』上巻（葦原瑞穂＝著　太陽出版）より抜粋

［下巻］

わたしは、ほとんどすべてのページの端を折った（ドッグイヤーした）。すべてのページに叡智溢れることばがあり、そうしてこの本をこれからも繰り返し読むだろうと思った。

2001年が過ぎ、2003年頃に一度、『マーマーマガジン』創刊以前に新雑誌を立ち上げる機会を得たことがあった。そのときの雑誌名は「意識」を英語にしたものだった。たった2号で廃刊となってしまったが、編集者としてあたらしい媒体をつくりたい欲求と、そして、なぜだかはわからないが（地球にとって）時間がないという思いがわたしの中で、繰り返し、立ち現れていた。

もちろん、有機的な生活や、環境問題について、ほんの少しだが、顔を突っ込んだせいで、ある種の危機感をもったということもあるだろう。だが、わたし自身の正直な感慨は、もっと、魂の深いところから湧き上がる「早くしないとまずい」という気持ちだった。ある一定数の人に目醒めが起きれば、そのあたらしい意識が地球とつながり、地球が守られるという感覚がこころの奥底でずっとあった。目醒めのために、また、自分自身も読者の方々とともに目醒めていくために、もう一度立ち上がり、雑誌『マーマーマガジン』を創刊した。２００８年のことだった。

当時、次元上昇についての情報が、それが何なのか、実感としていまいち把握できずにいた。しかし、雑誌は創刊された。目に見えない世界と目に見える世界をつなぐ雑誌は、ふしぎな追い風とともに、奇跡的な状況をいくつも体験しながら、存続していった。現在、雑誌は1～3万部、刷っている。

この営みが、どう、この世界に関わっているかは自分ではわからない。ただ、雑誌をつくったり、意識が拡大するような内容のメッセージ（特定の宗教や思想信条とは一切関係がない）を伝え続けることは、地球が元気に存続することに太くつながっており、それはあらためて、ひとりひとりが自らの意識を何らかの方法で浄化し、解放し、葦原瑞穂さんのいうところの普遍意識に目醒めることでのみ行われるとわたしも確信している。

その確信が、この上下巻の本によって、わたしの中では確実なものとなった。葦原瑞穂さんは、今もうこの世にはいない。しかし、読書中、ずっと、自分の傍にいて、「ここはね……」「そこはこんなふうに……」と語りかけていてくださったような、そんなふしぎな読書体験でもあった。

これまでの意識ではとらえられなかったようなことを書いた本が、この今も書店の片隅で潜んでいるかと思うと小気味よい気持ちにさえなる。わたしにとっては、あいもかわらず霊性にまつわる本こそ、ひそかに、しかし大いなる刺激と勇気を与えてくれるジャンルのひとつなのだ。

＊並木良和さんの統合ワークをごく簡略化して記述しています。方法は、『ほら 起きて！ 目醒まし時計が鳴ってるよ』（風雲舎）、『みんな誰もが神様だった』（青林堂）、『本当のあなたを憶い出す、5つの統合ワーク 目醒めへのパスポート』（ビオマガジン）に詳しい。

精神世界コーナー

いつからこんなに書店の精神世界コーナーが好きになってしまったんだろう。

精神世界の本やさんといえば、東京・青山のブッククラブ回だけれど、移転する前、あの青山一丁目よりももう少し外苑前近くの角（でしたよね）にちいさくお店を構えておられた頃は、正直興味をそそられなかった。お店に入ったこともあったように記憶しているが、当時は、何がなんだかよくわからなかった。とっかかりとなる知識も20代の自分には皆無だった。一番はじめの〝目に見えない世界の読書体験〟は20代後半に育児雑誌で特集したルドルフ・シュタイナーだった。その後、北山耕平さんの『自然のレッスン』を読み感嘆し、その流れからネイティブアメリカンにも興味を抱いていた。２０

00年前後のことだ。

そこからぐっと深まっていくきっかけになったのがおそらく2000年代初頭に、繰り返し書いている通りブライアン・ワイス博士の『前世療法』や、シャーリー・マクレーンの『アウト・オン・ア・リム』あたりを人に勧められて読んだことだったと思う。


ブッククラブ回、ジュンク堂書店の精神世界コーナーはいつ行ってもたのしい。とりわけ、異様に気分が盛り上がるのは、神保町・書泉グランデの精神世界コーナーだ。コーナーは、4階にある。ガラスで外側も見えるエレベーターで、神保町の建物を眺めているとすぐに4階だ。ドアが開いて左側に進むと、なんというか、そこだけ、むんとするようなふしぎな空気感に包まれている。このあたりからからだの奥が熱くなってくる。もう到着するやいなやあちこちの本に目移りして、そわそわして落ちつかなくなる。落ちつけ自分。

数秘、ヘミシング、神さま系、気功、ヨガ、天使もの、非二元論、各種浄化法、ヒーリング、癒し、瞑想、死、前世未来世、ネイティブアメリカン、チベット・ヒマラヤ聖者関連、魔女、フラワーレメディ、オーラソーマ。古代文字、超古代文明、タオイズム、チャネリング本、スウェーデンボルグ、カルロス・カスタネダ、ルドルフ・シュタイナー、クリシュナムリティ、宇宙人、パワースポット、オーラ、超能力、催眠療法、神智学、カバラ、武術、東洋医学、占い関係、シャーマニズム、もう、なんでも揃っている。超マニアックな八幡書店の棚とか、出口王仁三郎《でぐちおにさぶろう》の棚とかまである。見たことのない、九字の切り方の冊子とか。

書泉グランデの精神世界コーナーで胸が高鳴るのは、信じられないほどニッチな本があるからだろう。なんだかわからないグッズも売っている。世の中にはふしぎな世界があるものだと、何度行っても感心してしまう。

この興奮、釣りが好きな人が釣り道具屋さんへ行くであるとか、手芸が好きな人が手芸屋さんへ行くだとか、ミステリーが好きな人がミステリー棚の前に立つのと、基本同じ構造だろう。

いや、このジャンルの中にも、箸にも棒にもひっかからないなって、正直感じるものもある。読めない……みたいなものもある。でもそんな本が存在することも含めて、そう、有象無象ある感じにぞわぞわくる。変態なのかもしれない。変態でもいい。今日も明日も、ブッククラブ回や、ジュンク堂書店の精神世界コーナーや、書泉グランデの4

階に光が灯って、ああいう本たちが静かに佇んでいると思うだけで気持ちがふしぎと安らいでくる。

すごくあやしい。でも、すごくたのしい。完全に趣味といえば趣味だし、でも趣味っていわれるとちょっと窮屈な感じもあって、名前のつけられない喜びとたのしみの中でこのジャンルの読書の海を泳ぎつづけている。

あるものは、ある

霊的なものはすべてのものとセットで内在しており（とわたしは考える）、あるもないも最初からあるものだと思っている。

意味合いは違うが、ＬＧＢＴに対するある種の反応もそうだ。さまざまなジェンダーが現存している。ゲイもレズビアンもトランスジェンダーもバイセクシュアルも、さらには、この枠にはまらない人もいる。恋愛も性行為もしたくない人・興味のない人もいる。恋愛や性行為が大好きな人もいる。病的に依存症の人もいる。人の数だけ性の多様性はあって、それらは、すべて、「ある」。「ある」ものに対して、いいとか悪いとかいう意味がわたしにはわからない。「ある」のだから、「ある」のを前提に話す必要がある。

わたしは、チャクラの具合もよくわからなければ、オーラも霊もなにも見えない。そういう力はまるで備わっていない。でも、世の中には、こういうものが見えるという人がいる。見えるという人の妄想であろうが夢であろうが、見えるというのだから、その人には「ある」のだ。かつ、そういう人たちが世界中にたくさんいるということ、さらには、その人たちがいっていることに数多くの共通点があることは、充分、霊的なものがこの世界に「ある」ということのエビデンスになるだろう。あるっていってるのだから、ある方向性で、まずはものごとを見てみようよ、と思う。

それにしても、どうして、霊的なものを毛嫌いする人たちが存在するのか。

あくまでわたしなりの仮説だが、人はどこまでいっても霊的な存在だ。そしてその本質的な「わたし」という目に見えない存在は、どうやら永遠のいのちをもっている。ただ、肉体をもって生まれたときにたいていの場合はすっかり忘れて生まれてくる（たいていの場合は、と書いたのは、ここ数年で、生まれる前やおかあさんのおなかにいたときのことを覚えている子どもたちについて、どんどん情報が明るみになっているから）。

なぜ、忘れているかというと、忘れているほうが、この世界を味わえるしたのしいし体験が深くなるから。インターネットなどで何もかも調べてあらかじめ情報をたっぷり得ていく旅行よりも、何も知らないで旅先に参入するほうが、苦労も多いのかもしれないが、喜びや刺激が多いのと同じように。

霊的なものに嫌悪感を抱くのは、そのようにしっかりと忘れ切っている状態のときなのではないか。深く眠っているときに、起こされたら気分が悪い。あの感じに似ている気がする。不快な気持ちがするのだろう。せっかく忘れて生まれてきてるのに、何いってんだ？　こちとら生まれる前のことなんざきっぱり忘れて肉体の世界を思う存分たのしんでいるのだ、と。あるいは今生では、肉体や物質的なことに集中したいと決めてきたか。かつて過去生で霊的なことに携わり、いやな体験をして逆に嫌悪感を抱いているというケースもあるだろう（過去生で、魔女狩りにあったり、特殊な能力があったがために迫害されていやな体験をしている場合にも、目に見えない世界を過度に遠ざけたり、毛ぎらいするケースがある場合もある気がする）。

もちろん、非常に尊く精妙な分野だから安易にかかわりたくないというむきもあるだろう。

もうひとつは、マスコミなどによるプロパガンダもあるかもしれない。オカルト的な番組を散々やって、議論させるとか。一見興味をそそる内容にしておいて、しかしマッチポンプ式に、やっぱりあやしいよねというふうに番組をつくってみたり？　霊的なものへの目醒め……もっといえば自分自身、自分の中の神性への目醒めが起こらないように、軽やかな周波数になっていかないように、誰かが促しているふうに見えるふしもある。そういうある種の洗脳によって、眠らされているともいえるし、眠るほうも進んで眠っている感じもある。誰かがそういう流れをつくったか、または集合無意識の思い込みだとも思うが（誰かがそう刷り込んでいった結果、自動的に大勢の人がそういうふうに思うようになり、あるいは、本当に「そうだ」ということになってしまったか）、とにかくこの世界を動かす立場の人々にとっては、人々が自分の中の神性に目醒めないほうが、霊性など高まらないほうが人心をコントロールしやすく、消費活動だって促しやすいのだろう。「自分なんて（取るに足らない人間だ）」と思っている人間、不安や心配や恐怖心でいっぱいの人間、自己肯定感の低い人間のほうが、何かに依存的になり、消費し続け、自立はせず、こころもからだも病気になりやすい。そうしてコントロールと消費のループに入っていく。

不満や葛藤や焦燥感があったほうが、人と自分を比較したり、競争したり、上下関係をもったりする人物になりやすいだろう。逆を考えればわかる。自分自身が完全であると悟り、葛藤もなく、幸福でしかたがない人間ばかりになってしまったら……意外に誰もそういう仮定をしないようなのであるけれど、何か、ある一定数の人々がしっかりと目醒めてしまい、これまでのシステムが起動しなくなる可能性は大いにある。いや、もう、少しずつ悟りはじめた意識があちこちで芽生えているのと同時にシステムに綻びが出はじめている。今という時代はその変化の真っ只中ともいえる。

もちろん、オウムの問題や、カルト宗教などが引き起こす事件によってのアレルギーも大きい。宗教については別の項に委ねるが、どんなものであれ、諸刃の剣という側面はある。ただ、女の犯罪者がいたから、女性がすべて悪いかといったらそういうわけではない。横暴な警察官がいるからといって、警察官がみんな横暴なわけではない。いずれにせよ、乱暴にひとくくりにせず、ひとつひとつの例を個別に自分のこころで観るほかない。

それではわたし自身に嫌悪感はなかったのか。煙たくはなかったのか。アレルギーはなかったのか。正直にいえば、かつては嫌悪感丸出しであった。そのほとんどすべてに反発さえしていた。今でも、霊的なものを扱う表現で苦手なものもある。それでも、「ある」であろうものを「ある」という方向で見てみるほうが、合点がいくことがわたしには多い。たとえば目に見えないからといって「ない」とするにはあまりに惜しい世界が、霊的な世界には繰り広げられている。霊性にまつわる読書は、わたしを高揚させる。霊的な体験は、わたしの意識を変化させ、意識を深める。

霊的な世界は、現実世界ないしは物質世界からの逃避だという見方もある。そういう場合も大いにあるだろう。人生になんらかの困難（と感じること）があって、霊的な世界に目醒めたケースも多いと思う。しかし、その後、「あちら」に行ってしまって戻ってこないのではない。本物の霊性は、物質社会とも調和し、より豊かに堂々と生きるヒントに満ちている。霊的にも深められた人間は、物質社会でも魅力的に映る。本人は幸福感が増し、生きてきた意味を深く知る。充足感と自己肯定感が増す。生きている意義が深まり、純粋にたのしくなる。

これの、何が、問題だというのだろうか？

そもそもの人間というものが兼ね備えている世界であり、それに触れることで人生や日々の暮らしに奥行が出てたのしくなり、誰にも迷惑をかけない。

霊的なものを過剰に煙たがる態度とは、ただ純粋に、未知なるものへの恐怖心、あるいは、なんらかの思い込みによるものだとしか思えない。もったいない。わたしたちは、いつか肉体を離れる。この事実だけでも、霊的な世界が存在しそうであることの糸口となりそうなのに。死、ひとつとっても充分に自身の霊性に思いをはせられそうだがいかがだろうか。

誰も、ゴルフや手芸やピアノや園芸やロックミュージックの趣味をバカにしたり笑ったりしない。

だから、どうか、目に見えない世界への希求を、笑わないでほしい。こちらの趣味を押しつけたりもしないから、どうか人の霊的な世界への興味をそっとしておいてほしい。あるといっている人にとっては確かにある世界なのだから。

愛

忘れてしまうようなこと

記憶はどこから来てどこへ行くのか。

アカシックレコードなるものに、なにもかも記録されているそうだけれど、それにしても現実には日記でもつけていない限り、自分の実体験とはいったいどこへ消えていってしまうのかと思うことがある。

たとえば、2日前の昼に何を食べたか、さっと思い出せといわれたらどうでしょう。もう少し高度にして、15日前の夕飯は何を食べたか……。こんなことも容易に記憶から消えてしまっている。わたしとわたしの記憶はどこから来てどこへ行くのか。夢を起きた直後には覚えていて、でもだんだんと消えていくさまも実にふしぎだ。

ふとこころに浮かぶちょっとしたことがある。でも、すぐに消えてしまうような何か。それこそをつかんで忘れないことが大切、と、ある著名な作家がいっていた。

ふと忘れてしまうどうでもいいようなことを書き留めたり、覚えておいたりするために作家という職業はあるのかもしれないけれど、でも、それを覚えていたからといって何か役に立つとも思えない。純粋に、忘れかけてしまうようなことを書き留めて、それを読んでありがたがったりするのは、純粋に、たのしみのためだけだろうと思う。

宇宙法則の中で自在にあそんでいるわたしたち。

忘れてしまうようなことに思いをはせると、ふと気づいたら霊的な空間に抵触する感覚もあって、ほんのりとたのしい。

表現とは何か

あるときある人が、こんなことをいった。

「音楽とか、絵とか、そういった表現を見ると癒されるのはどうしてなんですかねえ」

本当だ。なぜ、人は、音楽や絵画や写真や、彫塑や舞や書や物語、そういった一切の芸術活動を行うのだろうか。そしてなぜ、表現されたもので癒されるのか。

あるとき、こんなこともあった。

ひとり、自分と打ち合わせしようと、喫茶店に入った。

自分が編集し、執筆した手帖を開いた。

自分で書いた原稿を数か月ぶりに読んだ。
実は、自分で書いた原稿というのは、その後ゲラの段階で何度も読むからか、本などの商品となって世の中に出回る頃には、まったく読む気がしないものだ。書き終えて本になった原稿というのは、元カレみたいな感じといったらいいか。何年も経ったら会えるかもしれないけれど、今会おうとはとても思わない存在なのである。この日は、めずらしくごく短い時をへだてて読んだ。そうしたらどうだろう、その原稿に、自分自身が癒されたのだ。はじめて読んだような気持ちだった。誤解なく説明できるかどうかわからないが、自画自賛するのではなく、純粋に自分が書いたことを本当に忘れて感動し、目に涙をいっぱい浮かべて、その喫茶店をあとにした、ということがあった。

何が起こったのか、そのとき考えた。仮にではあるが出てきた答えは、「文章を書いているときのわたし」、というのは実在のわたしとは別の存在だ、ということだ。ある意味では、どんな表現をしているときでも、表現というのは、その人自身から生まれたものではなく、その人という管を通して、純粋意識といったらいいか、宇宙の根源といったらいいか、神とでもいったらいいか、源の愛から何かが降りてくるという技のことをさすのだろう。

実際、文章をこうして書くという行為はふしぎだ。書いている最中というのは、車の運転をしているときに似て、全方位に繊細に気持ちが行き渡りながら、でも、同時に真空の中に自分がいるような、あらゆるものに委ねたような感覚がある。運転はさすがに目醒めて運転しているが、原稿によっては、半分眠りながら書いたのではないかと思うこともある。何を書きたいと思い、実際何を書くのかは、ほぼ自動的に行われる感覚がある。

一切の表現に、どうして人が癒されるのかの答えはそこにあると思う。

表現というのは、本来、あるいは本当にうまくいった場合は神が顕現する行為なのだろう。

神に違和感があるならば、愛、または宇宙意識、わたしたちの根源の何か、純粋意識、普遍意識といったものが、現れるのに違いない。しかも、たくさんの人々が感動する表現とは、その神の顕現の質と量が半端ないんじゃないだろうか。表現として神や愛を受け取るとき、(それがどんなに闇の表現であれ) わたしたちは癒される。

見えない世界と見える世界のしくみを信じられないほどの精度でつまびらかにした葦原瑞穂さんの著書にこんな一節があった。

あのイエス大師でさえ、教会から両替商や生贄《いけにえ》の鳩を売る人達を追い出した時には（マタイによる福音書第21章12節）、その霊的な意味は別にして、個人的な怒りの感情に燃えていたのです。（中略）どんな意識レヴェルに達した魂であっても、物質世界では百パーセント普遍意識のままで在ることはなく、反対にどんなに未熟な魂であったとしても、一瞬は自我を忘れることがあるので、普遍意識の展開がゼロであるということもまた有り得ないのです。人間よりは進化の前段階にある植物や鉱物が、普遍意識から分離して、全体における自分の役割を放棄するようなことは決してしないという事実や、天才ヨハネス・クリュストリフ・ヴォルフガング・アマデウス・モーツァルトが、作曲においてはオーヴァー・シャドウの連続であったのに、私生活では自我丸出しであったこと等は、大変判りやすい例ではないでしょうか。

『黎明』上巻（葦原瑞穂＝著　太陽出版）より抜粋

ただしこれからのあたらしい地球では、その人物と表現が合致するようになるのかもしれない。あの人、音楽はすごいけど、人としてはめちゃめちゃなんだよね……ということが、だんだん減っていくのかな、と。

どの井戸や湧き水スポットから出る水もすばらしい。もちろん、井戸そのものや湧き水の出口だってすばらしい。どちらも、別々の位相ですばらしいということなのだろうと思う。そしてその水の根源はひとつであって、そうして、誰のものでもなく、すべての人に開かれたものなのだろう。

わたしたちは、いつだってこの水に触れて感動するし、みごとな水を出してくださりありがとうと、その出口に感謝をするものなのだ。

なによりすばらしいのは没我の瞬間、わたしたちはその瞬間、もれなく愛そのものになっているという事実なのだ。

わたしが、わたしを、わたしする

表現というのは、芸術活動にとどまらない。家事のひとつひとつにしたって表現だし、子育てもある種の表現のひとつといっていいだろう。歩くのだって表現だし、何か乗り物を運転するのだって表現だ。

出生がどうであるとか、学歴だとか、どこで働いているとか、結婚しているかしていないか、子どもがいる・いない、その子どもがどういう子どもであるか、経済状態、容姿のこと、健康状態、社会的地位、そういった物質的なものの何もかもが、一切誰かと比べてどうかと判断することがあまりにむなしいことであるとあらためて感じている。

そのすべては、ある演劇に演者として出演するとして、あくまで自分が選んだ役、みたいなものにすぎず、その役を通して、何を体験し、何を感じ、何を世界に放出するのか、それしか重要ではないと確信している。

かつて、覚者であるおじいさんがこんな話をしてくださったことがある。覚醒した人、意識が拡大した人物が焼き芋を売ったらどうかという話だ。

覚醒した人の焼き芋は、その人の波動をまとうわけだから、おいしくないわけがない。それを食べるという行為がどんなに尊い行為になるかわからない。ひょっとしたらその焼き芋を食べるだけで元気になったり病気が治癒してしまうかもしれない。その焼き芋を食べるだけで意識が拡大するかもしれないと。「その焼き芋やさんは、おのずと行列ができますな。ふぉっふぉっふぉっ」とおっしゃっていたが、実にそのとおりだろう。

そのおじいさんから、「わたしがわたしをわたしする」だけなんだよ、と再三きかされていたのだけれど、それが、あらゆる表現というものの根元をあらわしていると思う。

わたしがわたしをわたしする。

ただわたしたちは、その表現をするためにこの地上にいる。

周波数の高い人が掃除をしたら、その場のうつくしさは比類ないものになる。意識が拡大した人物がごはんを炊いたら、それはびっくりするほどおいしいのだ。わたし、という存在は、どんなにがんばったって、どんなに理想を描いたって、誰か憧れの人の真似をしようが、がんばろうが、力もうが、わたしというものをわたしとして発露するしかない。そのことがわかれば、肩の力がふんわりおのずと抜けてしまうのだし、自分にやれることは、ただ自分をこの上なく愛して、自分を大切にしてゆるんで自分自身でいることしかないのだとしだいに悟るしかなくなっていく気がする。

しかも、すばらしい恩寵だと思うのが、どんなデスメタルであれ、おそろしいホラー映画であれ、この世のあらゆるネガティブとされるような表現も、まぎれもなくうつくしい表現であり、そこに善悪がないという点だ。宇宙からの視点で地球を遠くから見て、全部が映画か演劇だと思ってみればいい。どの表現も、愛らしく尊く、うつくしい。全部、やってみたくて体験をしているのだ。それをたのしめばいい。

それにしても、自分を愛するとか自分を大切にするとか、ことばにするのは簡単だけれどこれを実践するのは、シンプルすぎて、かえって難しいかもしれない。あらゆる人があらゆることをいうが、わたしは自分を愛するとは、シンプルに、自分自身でいて居心地がいい状態でいるということだろうと思っている。楽とも安心とも近いけれど、たのしいとかリラックスしているとかも遠くないけれど、居心地がいいという感覚がいちばん近いだろうか。受け容れている、というか。

本来、ただ自分自身でいるというのは、居心地がいい体験のはずなのだ。でも、力みすぎたり、がんばったりして不具合が出てくる。なぜならその状態が不自然だからだろう。何もかも存在という存在は完全に存在している。さらにすべてがつながっていて、すべてはひとつのものからはじまったのだというふうに悟るとき、自分自身は、この今この瞬間そのものとなる。そうして、ただ自分自身として在り、ふんわりと行ったことが、何であれ表現となる。まわりの人もその表現に、助けられたりする。表現は人の役に立つのだ。

今、ただ、わたしがわたしをわたしする表現こそ求められているように思う。がんばったり、認められようとしたり、気をつかったりするエネルギーは真逆のエネルギーだから、ただちにこの瞬間に止めてしまえばいいと思う。これからはそういった行為や動きがおのずと減らされていくようにも思う。わたしが、わたしを、わたしするだけのわたしこそ、これから地上で増えていき、そのひとりひとりが自ら輝いて充足し、またまわりをも自らの光で照らしていくに違いないと思うのだ。

器のはなし

問『ツイいろいろの事をお訊ねして相済まぬことでございました。実は平生指導役のお爺様からも、いろいろ承って居るのでございまするが、何やら腑に落ちかねるところもありますので、丁度良い折と考えて念を押して見たような次第で…………。』

答『それも悪いとは申さぬが、しかし一升の桝には一升の分量しか入らぬ道理で、そなたの器量《うつわ》が大きくならぬ限り、いかにあせってもすべてが腑に落ちるという訳には参らぬ。今日はしばらくこの辺でとどめて置いてはどうじゃナ?』

器といえばいいのか、それを周波数といえばいいのかわからないが、その人に備わっている大きさみたいなものがあると思う。やっぱり器で話すとわかりやすいだろうか。あるたとえ話をしても、その人の器がちいさければ、その話の文意がその器には入らず、意味が通じない。周波数でたとえるならば、何かあるメッセージが流れていても、その話は耳には入ってこない。ラジオのどのチャンネルを合わせているかで聴こえてくる内容が違うように。

この世界で、大勢の人がいいたいことをいっている。ある考えが正しいとか違うとか好きとかきらいとかやりあっている。ある意味では、全部、壮大な娯楽だ。シリアスであればあるほど、味わっているものの量や感じていることの質が深くて大きい。ただ、器や周波数が違うもの同士がわかりあえるということもこれからどんどんなくなっていくのかもしれないとも思う。

野球の試合とサッカーの試合を同時にしたって、うまく戦えない。それなのにルールが間違ってるとか、球の大きさがどうとか議論してもはじまらない。

『小桜姫物語』（浅野和三郎＝著　潮文社）より抜粋

誰か、この器や周波数のことをつまびらかにしてくれないかなというふうに思うこともある。いや、そういうのがごちゃごちゃでカオスなのが地球のいいところなのか。このちぐはぐな世界で、ごく1ミリずつでも進歩すればよしとするのか。

でも、ここ数年、世界のパラレルワールド化はますます進み、違う世界同士の扉は、いよいよ閉まりはじめているように映る。それが何を表しているかはよくわからない。よくわからないけれども、そもそもの器や周波数が変化しない限り、もう交わることもないであろうことでこの世界が溢れかえっていて、そのことにほっとするような、茫然自失するような、複雑な気持ちになったりすることもある。一周回って、スッキリそのことを受け入れている自分もいる。

器は、自己《エゴ》がいかに夢を見ているのかに気づいたときに広がったり深くなったりする。それ以外は、ただ同じ器の中で何かをこねくり回しているだけなのかも。あちこちで気が遠くなるほど長い時間、同じ器の中で何かがずっとこねくり回されているのだと想像すると、それはそれではてしない話だし、逆にそんなことがあちこちで連綿と繰り返されているのか、それが許されてきたのかと思うと、信じられない規模の恩寵というか、大いなる愛が、この世界を見守っているのだというふうにも感じられる。

サイキック

これまでの人生で、果たして何人のサイキックの方に会ってきたのだろうか。

いわゆる超能力者のイベントにも行ったことがある。そのイベントの主人公は中国人のサイキックの姉妹で、国家の機関に属し、その能力を活かしているという話だった。もう、20年近く前の話だ。その姉妹は、何人かの目の前で、瓶に入った錠剤（瓶には蓋が閉められている）を、隣にある空《から》の瓶に、目の前で、何もしないで、移動させた。一瞬のことだったけれど、そこに何かのトリックがあるとも思えなかった。いや、ものすごくよくできたマジックショーだったのかもしれない。これに似た超能力をその日いくつかその姉妹は見せた。

治療者としてサイキックという人もいるし、わたしなどはとても認知できないことが瞬時でわかる人たちもいる。アカシックレコードにつながって、情報をとってくる人もいる。宗教に関係がある人もいるし、ない人もいる。ビジネスにしている人もいるし、していない人もいる。

有名なサイキックでは、エドガー・ケイシーがいる。エドガー・ケイシーについては、関連書籍を数冊読み、ようやく映画『リーディング』を観、本を読み、日本で最初に、有名なケイシー療法のひとつであるひまし油湿布を行った福田高規さんの治療を受けたばかりだ。ひまし油湿布もまだ1か月ほど試しただけだから、エドガー・ケイシー療法や思想の初心者も初心者なのだが、サイキックという存在による叡智を、こうして現実の暮らしの中で活かせることが、わたしは何よりすばらしいと思う。

何がいいたいかというと、つい、サイキックとか、「見える人」、「わかっちゃう人」を崇拝したり、頼りきりになったり、あるいは脅威に感じて拒絶したりするのではなくて、その人たちを通じてやってくる情報なり知恵や叡智を、実生活でどう活かすかこそが大事だと思う、ということなのだ。あまりにあたりまえのことなのだが。

そのようなパワーは、誰だって本来持ち合わせているのであり、あるいはその気になれば、どんどんその域に達してもいける、と思っている。簡単なところでいえば、筋反射をつかうOリングテストや、ダウジングをつかって、たとえば、今の自分の肉体に合う食事は何かなど質問すれば、ちゃんと答えを得ることができる。オラクルカードを引いてメッセージを受け取る練習を続ければ、日常生活から（たとえば、ぱっと開いた本のことばやたまたまテレビに映った映像から今の自分への情報を得るなど）必要な情報を取り入れることだって可能だ。もっと体系的に、東洋、西洋の占星術であるとか、数秘術であるとか、四柱推命、古い暦といったものを学び、そこから、過去・現在・未来、または遠く離れた世界のことを知ることもできる。そこから、どんどん自分を開いていけば、もっと重層的なパラレルワールドの自分や世界を感じていくことも可能なんだろう。

もちろん心身の浄化が進み、自己の解放が進むにつれ、意識が拡大して、ハイヤーセルフや天使たちと話したり、アカシックレコードを読んだり、直感でわかったり見えたりするようになる人もいるはずだ。あたらしい子どもたちにもきっとそういった能力が最初から高いケースが多そうだなと思う。

もうひとつ、忘れてならないなと思うのは、サイキックも肉体をもった人間だということだ。ふしぎな力が、あるとき消滅してしまうことだって大いにある。人によっては、感情があらわになることだって、ある。魅力的な人は多いが、世間的に善人とも限らない。ただ、わたしが好きなタイプのサイキックの特徴は、

- 人のことを悪くいわない
- 感性や状態が一定である
- 人との距離感が適度にある

セッションなどの料金の高額・低額については、わたしはそのどれもが正解だと思う。高い金額を払える人もいるし、払えない人もいる。払いたい人もいるし、払いたくない人もいる。安いからといっていいわけでも、高いからありがたいわけでもない。このあたりの金銭感覚（地上での肉体のバランス感覚）がある程度、優れていることも重要かなと思う。

ただし、やはり、どんどんと料金が高額になっていったり、態度が高慢になっていったり、接する側が違和感を感じる場合は、しかるべき距離を置く必要があるし、いつしか離れることになるのだろう。そんなことは、サイキックかどうかとは関係なく、一般的な関係性の中であたりまえの感性でもある。繰り返しになるがサイキックも肉体をもった人間だ。

いずれにしても、利用しすぎも利用されすぎも、過剰な場合は、それを正すことが自然に起こるわけだし、何よりも、誰よりも、どんなサイキックよりも、本来は、自分の中に、自分に対する最善最高の答えをとく鍵が眠っている。それに自分自身で気づくことが誰にだってできるのだと何度でも強調したい。

低級霊とつながっているような霊能者に利用されたり、セミナーショッパーになってしまったり、つまらない宗教に依存したりするのも、その人の自由だし体験のひとつだけれど、でも、わたしは、あなたの中に神性はあるのですよ、あなた自身が神なのですよ、と何度でもいいたい。自分の中に全部答えはある。そして人頼りにせず、自分頼りにするのが、遠まわりなようで近道なのだ。

なお、エドガー・ケイシーなど、一般的にはすんなり理解されないような内容や、あるいは奇跡と呼ばれるようなこと、その時代には先駆的すぎて理解不能であるようなことに対して、コツコツと、その情報に客観性をもって接し、それを人類や地球のために活かそうと、人々の誤解を受けながらも、静かにその叡智を守って育んできた人々をサイキック同様尊敬するし、こころから感謝を申しあげたい。

わたしたちも自分たちの暮らしの中で、極めて純粋な部分から届くアイデアを素直に、同時に、明晰性をもってつかうこと、それ自体が、ただただ愛の行為、敬虔さの顕現であるとも思っている。

死について想う

死は、わたしにとって、ずっと怖いことだった。

子どもの頃、確か12歳くらいになるまで、信じられないほど眠るのが下手だった。ひとりっ子で過敏だった。からだの弱い母がしょっちゅう入院したり、体調が悪かったこととも関係があるような気がしている。どこか、死の影が家の中にあったのだ。いったんは、自分で眠りに行く。だけれども、お布団の中でどんどん目が冴えていく。自分が宇宙の中でたったひとり、取り残されたようなそんな気持ちになっていく。もういてもたってもいられなくなって、蚊の鳴くような声で「おか〜さ〜ん」といいながら、居間までとぼとぼと歩いていき、一緒に寝室まで来てもらう。そうして添い寝してもらってなんとか眠りにつく。これが、割合大きくなるまでずっと続いた。なぜ、眠れなかったか。今思えば死の恐怖だった。眠るということは、死ぬことだったし、眠れないということは、自分以外の人間がみんな死んでしまってひとり地球に取り残される恐怖そのものだった。

小学生のあるときは、突然、ナイフが怖くなってしまって家中のナイフやハサミを見えないところにしまうように母にお願いしたこともあった。死というよりも、自分が、このナイフで母親を刺してしまうかもしれないというふうに思ったら、とたんに怖くなったのだ。どうしてそんなことを思ったかまるで思い出せないけれど、それでも熱心にお願いして、母はすぐにすべてのナイフやハサミをどこかにしまいこんでくれた。この恐怖は半年くらいで自然に消滅した。

21歳になって、わたしはこころを病んだ。
たいていは思春期で発症するような神経症だと診断された。その頃は、当時住んでいた実家が3階で、療養中、ベランダを見るのさえ怖くなってしまったことがある。自分が思わずベランダの外へ飛び出しそうな気がするからだ。実際に死のうとしたわけではない。死にたかったわけでもない。でも、あのときの自分はいちばん死に近かった。その後、肺結核になったり、大腸の難病になったりしたときも、肉体的には死が近かったのかもしれないが、でも、あのときほどは死に肉薄してはいなかった。21歳のわたしは、半分くらい死の淵に足を踏み入れていた。今となっては、あの体験は人として成長する段階のひとつであり、また、自分自身が自分自身として生きて行くための、生まれる前の予定をいよいよはじめようとする合図であったようにさえ思う。次の段階に行くためには一度死ななければならないのだ。

シュタイナー教育でも9歳の危機ということがよくいわれる。親と一体化していた子どもが、いよいよ親から離れ、自分のまわりにいる人々が自分とは別の人間なのだと認知しはじめるのが9歳頃だというのだ。このとき子どもは、死の恐怖を味わい、孤独を感じるという。この時期にシュタイナー学校では、生活科がスタートし、自分たちの手で畑を耕したり植物を育てるのだという。羊の毛を刈り、羊毛にし、糸を紡ぎ、編み物をしたり織物をつくるという。「そうした経験を重ねることにより、切り離された世界と行為を通じて結びつき、大地に一人で立つ痛みだけでなく、一人の『私』としてしっかり生きていく基礎を作ろうとしているのです」。実際に小さな家を建てるのも重要なカリキュラムとみなされている。「無条件に守られていると思っていた世界から突然切り離されてしまった子どもたちに、それでもこの世界に『私』が生きる場所、『私』を守ってくれる場所があるということを実感させることになるはずです」（ともにカギカッコ内抜粋は、『親と先生でつくる学校　京田辺シュタイナー学校　12年間の学び』NPO法人京田辺シュタイナー学校＝編著　せせらぎ出版より抜粋）。

思い返せばちょうど自分が9歳のときに、曾祖母が亡くなった。当時はなんと土葬で、曾祖母の亡骸が土に埋まるのを間近で見ていたのだが、偶然にも9歳の危機に、実際の死を体験できたことは、成長にとってとても意味のあったことだったかもしれない。

死といえば、自分にとってかけがえのない、ある3人の人物はすでに肉体を離れている。肉体を離れただけとはいえ、その人に触れることができない、直接声を通して話すことができない、会うことができないということが、どんなに悲しいか、いやというほど味わった。本当に共感し合える人と直接話ができないというのは、信じられないくらいつまらないことだ。それでもこの地上に残り、生きなければならないということが、どれだけわたしを鍛錬したかわからない。
そののち、いつしか死者はわたしと同化していくようになった。死はわたしの一部となった。死者の魂はどこか遠くへ行ったにちがいないが、それでも、その一部は間違いなく自分に溶け込むことがわかった。うまく表現できないのだが、死者に語りかけると、反応があるような感覚がある。決して言語で何か語られるとか、夢枕に現れるとかそういうことではなくて、あくまで感覚なのだけれど、問えば、答えが返ってくる感じ……死者の名を呼ぶときは、何か悲しいとか寂しい、みたいな時が多いのだけれど、そんな状態で語りかけると、相手（死者）は、「ぷっ」と吹き出していたり、たいてい爆笑している。こちらがいくら深刻でも、どこか軽やかに笑い飛ばされるような感触がいつもある。その人たちが存在する霊界は、おそらく深刻な場ではないのだろう。そんな体験をいくつも重ねて、肉体を離れた者たちは、自分の一部となっているし、同時にすぐ隣の部屋にいるみたいな、ただ次元が違うだけで姿形は見えないけれど、呼べば傍（ないしは自分の中）に立ち現れると感じられるようになった。

昨年は、霊界通信の類を貪り読んだ。ある人物の自死がきっかけなのだが、その死について自分なりに解明したくて、はじめて霊界通信に手を伸ばしたのだ。G・V・オーエンのベールの彼方の生活、シルバー・バーチの霊訓、ホワイトイーグル、小桜姫物語……。霊界通信とは、アチラの様子などが、今生きている人間にチャネリングのかたちをとって伝えられるもので、それが真実であるかどうかなど確かめようもない。またアクセスしている場所があって、これらの情報もいまとなっては古びているのかもしれない。わたしたちはもう輪廻からはずれ、もっと遠くへ飛ぶのかも。それでもこういった霊界通信モノ特有の魅力があって、わたしは「死の解明を！」との動機も半ば忘れて思いっきりハマってしまった。なにより、（もしそれが本当だとしたら、ではあるが、読み進めるからには一応は、真実だという立場で読み）死後にも、「世界」はあること、まるで今生きているこの地上のような自然や建築物があること、衣食住はないこと、自分を導く天使、守護霊、指導霊のような存在が登場したり、場合によっては、大天使や神、神の使いが登場するところが共通していた。

しかも、霊界通信によればだが、あまりに事細かに地上で体験したことがアチラで記録されており、宇宙の摂理と調和しないものについては、徹底的に、どんなに時間がかかろうともそのことに対峙させられたり、解放を促されたりする。これは、宗教的または道徳的な善悪正邪の観点からいっているのではなくて、何か、そういうしくみになっているようなのだ。そんなふうに霊界通信を読むうちに、さまざまな実体験も重なって、わたしは、愛として生きるほか、ものごとを前進させたり、改善したり、解決したりする方法はないと悟るにいたった。愛の目醒めに、霊界通信の読書体験が大きく打ち響いている。霊界通信には、死の瞬間についても明記されていて、死について恐怖心がある人は一読の価値があるように思う。

死の瞬間といえば、臨死体験ものも読んだ。木内鶴彦さんの『生き方は星空が教えてくれる』（サンマーク出版）が最初で、最近では、アニータ・ムアジャーニの『喜びから人生を生きる』（ナチュラルスピリット）が、実に秀逸だった。霊界通信は、アチラからチャネリングの方法を経て伝わってくるものだが、臨死体験は肉体に戻った本人が語るのだから信憑性が高いし、万人向けだろう。臨死体験で語られる死後の世界でも、やはり肉体を離れたあとは、思ったことがすぐ成り、行きたいと思った場所に行け、注意を向けた人の気持ちを内側から観察し味わうことができる。時間・空間の制限のない世界が繰り広げられ、自分たちは最初から許されていることが体感できる。霊界通信との共通点ももちろん多い。

死の瞬間といえば、もうひとつ、前世療法を行ったときにわたしも一度だけ自分の目で自分の死の瞬間を見たことがある。あれは夢だったのかもしれない。だが夢にしては明晰な内容だった。わたしは、16〜17世紀あたりに、フランスの修道院で亡くなった。お葬式の場面では大勢の人たちが集まっており、わたしは肉体から自分が離れていくのを見た。肉体から、白い光の肉体（肉体を象ったようなかたち）がすっと上空にあがっていく。そのとき、迎えにきた存在も誰かがわかった（亡くなると、誰か親しみのある、すでに肉体を離れた人物が迎えにくるらしい）。上空から、葬式に来ている人たちひとりひとりの様子までわかった。

療法の中でも非常に重要なポイントなのだが、肉体を離れたときに、自分にメッセージはあるかと尋ねられたら、催眠状態にある自分が、「たのしみなさい」といった。その前世療法を受けた日、自分が亡くなったであろう時代のフランスの状況を調べていたら、フランソワー・ラブレーの『ガルガンチュア　ガルガンチュアとパンタグリュエル』に行き着き、「テレームの僧院」の戒律「汝の欲するところを行え」に辿りついた。「カルペ・ディエム」（その日を摘め）、「メメント・モリ」（死を想え）といったことばが前世療法で立ち現れた時代のものとしてどんどん登場した。その両方とも、もともとこの今生で多感だった高校生時代に出合っており、自分に深く影響を与えたことばだったことに驚いた（わたしは、高校時代に小劇場ブームがあって自分も高校生ながら便乗していたのだが、その劇団の名前が「メメント・モリ」であった）。前世療法については、さまざまな見方を捨てていないけれど、潜在意識のような場所に、なんらかのタッチをして、そこからある印象を拾うものであることはまちがいがないと、このときの経験から感じている。「思いあたる」という感覚がおなかの底で起こる体験がある。

最近では、最初はひとつの存在から分離して生まれ、信じられない時を経て（と、あくまでこの3次元の感覚ではそう思うのだが、時間空間のない世界では一瞬のことかもしれない）、大勢の人が人としての体験を分離の感覚の中で、意識が眠り、などし、しかし、また今、目醒めがはじまって、いよいよ愛の世界、一元の世界へ集約されていく、何か、そういう体験をある循環の中で繰り返しているのではないかと思っている。ゼロからはじまってまたゼロに戻るような。ずっと自分という魂はメビウスの帯みたいな流れの中で生き続けている。その中で、こうしてはならないということは、ない。してしまったことは、全部自分でまた刈りとるだけだ。何を体験してもよい。何を感じてもよい。それらは、自分の体験にもなっていくし、この膨大な魂たちのグループの体験、記憶にもなっていく。そうして、仮説だけれど、わたしたちは、わああっと膨らんだり、またひとつになってゼロに向かったりして、収縮を行っているのではないか。

肉体にとっては死があることは恩寵かもしれない。茨木のり子さんの詩の中に、「死は常態、生こそ愛しき蜃気楼」とあるけれど、生まれる前や死んだあとというほうが常態なのであり、今こうして肉体をもって生きているということ自体がある意味ではイレギュラーなかたちで、こう、俳優が舞台に立っている束の間の瞬間みたいなものなんじゃないだろうか。だから、この舞台を、燦然と光輝かそうよ！　たのしもうよ！　味わおうよ！　喜ぼうよ！　というだけのことなのかもしれない。しかもこの世界での選択は、個人個人の魂の自由意志に委ねられているのであり、そこで、何をしようがとにもかくにも許されているのだ。それが、本当に、信じられないほど豊かなことだと思う。舞台上で何か悲劇や喜劇が起こって、本気で怒り出す人がいるだろうか？　ここは舞台のような場なのだ。はじめから、ここは、蜃気楼なのである。

エドガー・ケイシーを読んでいると

エドガー・ケイシーに折に触れて惹かれる時期がある。

今回も突然その波がきた。

エドガー・ケイシーは、催眠状態になったときに、健康、美容、人生の悩み、ビジネス、世界情勢、医学、さらにはピラミッド、アトランティス文明などについて、リーディング（心霊診断、予言）を行った人物だ。19世紀後半、アメリカに生まれ１９４５年まで生きた。病気治療（フィジカル・リーディング）の分野では、特に難病の治療法についてリーディングし、貴重な資料となっている。こういった内容を、トンデモとか、科学的に解明されないとか、ばっさり切り捨てる態度は、あまりにもったいないと思っている。エドガー・ケイシーが遺したリーディングもそうだし、あるいは、たとえば、奇跡的に治癒した例なども、1例でも2例でもあれば見逃さずに、どうしてそうなったかを根気よく解明したり、理解したり、また別の機会に活かす態度こそ必要だろう。奇跡を奇跡で片づけない態度というか。もちろん、医師の中にはそういう見方をもつ人も登場してきているようで、これから、医学をはじめさまざまな分野で最新情報が更新されていくに違いない。

エドガー・ケイシーについては何回めのブームかわからないが、今回は、カルマ論に夢中になった。カルマとは、自分が蒔いた種は自分が刈り取るというものだ。つい悪いカルマばかり想像してしまうがいいカルマも存在する。カルマは、別の行いによって、解消したり、軽減させたりすることもどうやらできるようである。胃痛に悩まされた女性が、2回の前世で美食家であったとか、さまざまな例が掲載されている。

こういったカルマ論にとっぷりとひたったあとに、世界を見るとどうだろう。もう、人がただ生きているというふうにはとても見えない。人はただカルマを返しているというふうにしか見えない。もちろんカルマ論をベースにした仮説としてではあるけれど、目の前に起こることがらもまた、その人が世界をこうだと思い込んで見ているそのものの見方でさえ、自分自身がかつての人生でつくりあげたものの反映としか見えなくなってくる。カルマの法則は厳罰などではなく（実際、宇宙にはどうも善も悪もないようなのだ）、ただ、キャッチボールをするように、戻ってくるというわけだ。

生まれ変わりの輪の中にわたしたちがいるとして、何かできごとが起こるとき、必ず原因があるから結果が起こる。この法則を知るときに、苦難や失敗や問題の前に、時に謙虚になれる可能性があるんじゃないだろうか。わたしは、人生で最悪のできごとと、若い頃感じたことがらが、2〜3あった。どうしてあんな目にあうのか。どうしてあんな想いをしなければならないのか。簡単に解決し、気持ちを立て直せるような内容ではなく（当時のわたしには特に）何年も何年も引っ張るほどの問題だった。傷ついたし、傷つけたし、あるいは、苦悶し続けた。傷はまったく癒えそうになかった。なぜ、ああいうことが起こるのか、わたしは考え続けた。

忘れもしない、神宮前のあるゆるやかな坂道を歩いていたときのことだ。ふと、「これは、かつてわたしが誰かにやったこと？」と思った。文末についたハテナマークは、数秒後にあっけなく削除され、確信に変わった。そうだ。こういう「目」にあうのは、わたしがこれか、これに相当することを過去のどこかで誰かにしたことがあるのだ。だから、自分がこういう体験にさらされるのだ。ありとあらゆることを考えた結果、わたしはそう考えるのがもっとも自然で、もっとも楽なように感じた。ここまでにたくさんの時間はかかった。しかし厳罰を与えられているのではない。ただ、自分がしたことは、このようにブーメランのように返ってくるだけなのだと思うとわたしの場合は合点がいった。

あまりに酷い体験、過酷な経験になれば、あるいは、何かにものすごく執着していたり、恨みつらみが強い場合、まさかカルマだとは思えないかもしれない。もちろん、あくまでわたしの例はわたしにのみあてはまる事例であり、カルマ論の外に出てしまえば、一切何の関係もないともいえる。いやカルマ論の中にいたとて、「起こったことは自分がやったこと」などという単純明快な図式ばかりがあるわけではないことくらい、容易に想像できる。でも、ひょっとするとまさかっていう場合のときほど、本当に、そうかもしれない。しかも驚くのは、自分がされたことっていうのは自分がしたことかもしれないと想像してみることに、ひとつの解放の鍵が隠されていることだ。

素直にそう思ってこころから謝罪するときに、解放は起こる。何らかの形で腑に落ちて解放して自分の中にその記憶がなくなってしまったら、そのことはもう起こらなくなる。


自分が被害に遭っているのに、さらに、自分が加害者だったかもなど考えるのは、悲しみや辛い気持ちに油を注いでその火を燃やすようなことにちがいない。何度も繰り返しになるが、あくまで個人個人がみずからの解放のために省る行為にほかならない。悲しみや苦しみのまっただ中である人、また別の理由でその「問題」が起こった場合には、あたりまえだがこのことはひとつもあてはまらない。

しかし、カルマ論は、今のところ、自分に対しては、だが、非常に合点がいく考え方だ。もちろん、このカルマ論を受け入れるまでに、本当に何年も何年も時間がかかった。自分の人生にたびたび起こる「問題」には明らかに自分にしかわからない共通点があり、それには「種」があるのだろうと気づいたのだ。

原因探しや罰を与えたり与えられたりしたいのではない。自分にまったく関係のないものを、見たり聞いたり体験したりなどしない、すべて自分の中にあって、それを外側に見ているだけだという考え方をもってして、何よりわたしは自由になったしさらに自由なものの見方をしたいのだと思う。エドガー・ケイシーがすすめた、あたたかな「ひまし油湿布」を腰にあて、横になりながら、ゆるんでいく頭でそんなことを夢想している。

宗教について

宗教について、肯定も否定もしない立場で書いてみたい。

現代では、「なんか宗教っぽい」というと、たいていはネガティブな文脈で語られる。でも、宗教は、現存している。多くの人が宗教についてネガティブな方向で表現するわりには、宗教は、ある。もっといえばネガティブな意味での宗教や宗教的なものから、有名な世界三大宗教まで、ある。なんらかの宗教の関係者だって多い。学術的でも科学的でもないけれど、わたし自身が日頃感じていることを書いてみたい。

大学時代一般教養で、まだ教壇に立ったばかりの宗教学の若い教師が、こんなことをいった。「宗教の最終目的は、宗教がなくなることです」。最初の授業だったか、なぜか、このことばをわたしはものすごく覚えていた。その後出合うすぐれた医師なども同じようなことをいう。「僕の（医師という）職業は最終的になくなることが目標です」と。消滅することがこの世の平和を証明するような職業ってたくさんあるし、こういう態度には、何か、信じられる真実のようなものがありそうだなと思う。

まずは、ネガティブなほうから考えてみたい。

かつて、わたしの名をネットで検索すると「服部みれい　宗教」とトップに出ていた時期があった。わたしの書いている内容が宗教的だということなのか。『マーマーマガジン』という雑誌に熱狂的なファンがいて、そのことを宗教っぽいというのか。自然、霊性、扱っているテーマのせいか。「服部みれいの詩の朗読を聞いて泣く人がいるらしい。ちょっと宗教っぽいよね」というブログも発見したこともある。詩の朗読を聞いて涙がこぼれたらどうして宗教みたいなのか？　冷えとり健康法をなぜ宗教のようだという人がいるのか？

どうも人々がネガティブな意味で宗教っぽいとか、宗教だねあれは、と揶揄するときの対象は霊性にまつわること、観念的なこと、道徳的に感じられること、宇宙や自然にまつわることであることが多い。これらは宗教っぽいね、とひとまとめにされやすい。ある種の宗教が、そういった内容を得意とするからか。

何かや誰かひとつの対象に熱中していること、非常に近視眼的になっている状態も、宗教っぽいといったりする。ただし、どうもスポーツやゲームやロックやテクノやアイドルなんかに熱中しても宗教っぽいといわないようだ。どうしてなんでしょうね？ 考えてみる余地はまだまだある気がする。

ある人にカリスマ的な人気があり、その魅力がファン以外の人によくわからないときも（かつ、やや気味が悪いと感じられるときも）宗教っぽいということがある。洗脳とかいうことばも頭をよぎってしまう。

閉鎖的で、独善的で、偏っていて、論理立っていない、ある種の現象についても宗教っぽいといっている。「利用されそう」「搾取されそう」というのも宗教っぽいにまとわりついているイメージだ。あとは科学的じゃないという理由で宗教っぽいと揶揄することもある。もはや宗教っぽいは、うさん臭い、ということばと似たニュアンスで使われる。関わりたくない対象であり、最初から理解したくない対象でもある。キモいとも時に同義である。

もちろん歴史的に見て、また現在も、カルト的な、社会的に問題を起こすような宗教が存在していて、そのトラウマがそう思わせるのに充分な理由になる。でも、もっとライトに使うとき、「宗教っぽい」は、ある種の正当な感性が働いているものだし、でも、同時に、ある種の非寛容さや、偏見や恐れが含まれている。

一方で、世界宗教と呼ばれる、古くからあるといわれる宗教に関しては、概ね寛大なようだ。仏教、キリスト教、イスラム教。お坊さんが書かれた本や、カトリックのシスターが書いた本がベストセラーになったりするし、イスラム教の信者さんたちの習慣についても非常に守られているイメージがある。それらの信者だ、といったからといって、「宗教っぽい」と批判されるようなテンションで揶揄されたりはしないのだろう。その教えに則った教育体系（高等教育に至るまでの）がシステム化された宗教も数多くある。日本では神社をパワースポットとして訪れるなんてあたりまえになったし、神社へ行って「宗教っぽい」とうさんくさがる人もいないだろう。そこに立てば、清らかな気持ちになったり、厳かな気分が自分の中を満たしたりする。敬虔さ、というものが発露される場合もある。ダライ・ラマ14世は、比較的たくさんの人々に非常に人気がある。ダライ・ラマを目の前にして、「宗教っぽいからいや」という人のほうがおそらく少数派にちがいない。

わたしの中にも確かに何か偏りのある様子を見て、「宗教っぽい」と揶揄するような感覚がないとは言い難い。とてもよくわかる。世界宗教や歴史あるものが尊重される中で、「宗教っぽい」というのは、どこかそのありようが中途半端であったり、歴史が浅かったり、二流三流の表現であったり、あとはあまりに権力志向が強かったりして、そこに尊敬ができないという気持ちもよくわかる。

ただ、「宗教っぽい」と色づけしてしまう態度に、すばらしいものを尊敬する気持ちや、自分とは違うものを排除しない態度、誰もがもちあわせている敬虔さ、霊性を感じるこころ、そういったものも排除されないといいなとよく思う。「宗教っぽい」という感性の中に、すべてを短絡的に捉えて、目に見えない存在への畏敬の念の欠如、バカにする態度、宇宙や自然といった広い視点を失った状態、物質的なもののみを信じる姿勢がすみついていないといいなと思う。

どうしてそう思うのか。「宗教っぽくてヤダ」に内包される態度に、やはり、霊性や霊的な世界、目に見えない世界への拒絶を感じるからだろうか。わたしにとっては、それが宗教か宗教でないかにかかわらず、霊性に目醒めていること、霊的な感性が誰にでもあることを知っていることが、人生をより深くおもしろく体験することにつながると信じているからだろうか。そもそも人間というのが霊的な存在であるのに（いつか肉体を離れるという事実があるというのに！　それに思いをはせるだけでも充分に目に見えない力の働きを感じずにおれないと思う！）、また実際誰もが霊的な体験を、自身の暮らしの中に内包しているはずなのに、それに安易に蓋をするやりかたに、もったいないなどと思ってしまうからなのだろうか。

わたし自身にとっては、宗教を信じている人にすばらしい人物もいるし、そうでない人物もいる、無宗教の人物にすばらしい人物もいるし、そうでない人物もいる、と考えている。ロックバンドにも近い。すばらしいバンドもあれば、そうでもないバンドもある。そのすばらしさは人気の大小に関係ないともいえるし、純粋に趣味（好み）の問題ともいえる。宗教も似ている。いや、どんな世界だってそうなのかもしれない。

宗教は、ある人やある時代には、大きな娯楽的側面もあったように思う。宗教的に高揚する感覚は、とっておきのたのしみであったに違いない。もちろん純粋に娯楽の側面もあって、田舎の神社のお祭りへ行くと、餅まきなんかがあって、お餅をいくらでも食べたりできる現代においてさえ、みんながきゃあきゃあいって拾っている。これが娯楽でなくて何なのか。なんらかの儀式などを通して、自分が浄化されるという体験もまた快楽のひとつかもしれない。ついてないなと思う人が、お祓いをしてもらって、何かすっきりした！　などと感じるのは、暮らしの中の大きなたのしみや喜びのひとつというふうにも捉えられる。

さて、ある時期からわたしは、霊性というものが、宗教の枠をはみ出して表現されるようになったように思っている。なんらかの教義や団体やリーダーをもたなくとも、個人個人が霊性にまつわる知恵を得て、ひとりひとりが霊性に生きるというような流れが、早くは1900年代初期からはじまり、1960年代あたりから一気に花開き、2000年代にはいよいよ一般化してきている。「宗教っぽい」と揶揄する感性は一般的に見えるが、その一方で、非常に、なにか、うつくしい世界を希求し、調和や平和を重んじ、目に見える世界も目に見えない世界も大切にする、健康や自然環境やすばらしい社会システムへのシンパシーが高い人々、もっといえば、愛というものに根底で目醒めようと、いや、目醒めはじめている人々が、驚くほど存在しているのを感じている。そういった態度は、もはや「宗教っぽいんだよね」といえない域に達している。特にある種の若い人たちの感性は、あたりまえに霊性に目醒めて、この宇宙の調和的なうつくしさの中で生きようとしている。そこに横たわる霊性というものの存在に、わたしはいつも目を見張っている。そこには、「こうするべき」も、ルールも、教義もない。ただ、その人自身が、その瞬間に生きることに没頭することで、事実上の悟りの域に達しようとしている姿を見る。

宗教っぽいということばについては、あまりに一方的に科学を盲信する態度や、ある方向性の政治を盲目的に信奉する姿に対して、むしろ「宗教みたいですね」と皮肉をいいたくなることもある。まさか「自分が宗教っぽいなんてまるで思っていない」人たちのたくさんの「正しい」が、いってみたら「宗教っぽいね」と感じることがあるということだ。たいていの場合は、その中にいる人たちは、まさか自分たちが「宗教っぽい」などつゆにも思わず「自分たちは科学的であり論理的であり正義なのである」と思っていたりする気がする。自然環境を安易に破壊しているのに、現存のシステムを変えていかない様子、健康被害をどんどん出しておいて農薬や肥料を使いまくり、種を改良していくさま、経済をなによりの優先順位の最上位に置いて、人と人、自然と人が調和していない状態をそのままにしていることだって、充分、客観性に欠けていて、「宗教っぽいね」といいたくなるのだが、そのことを「むしろ宗教みたい」と述べる人は少ないみたいだ。

できることなら自分はそういうものの外で、自由気ままに、霊性の世界に目を見張り、もしできるなら自分を高めるなどして、存分にこの地球をたのしんでいたいと思う。

登山口はたくさんある。かつては霊的探求をしようとすると、宗教または宗教的な登り口しかなかった。しかも狭き門だった。狭き門から入れといわれていたのだ。さまざまな裏の世界があって人々はコントロールされ、重い周波数にさせられてしまっていた。でもあたらしい時代はもう違う。霊性がカジュアルになったのではない。登山口が、実は、たくさんあることがわかる「目」を、意識が拡大することでわたしたちは得たのだ。自分自身を思い出すことで軽い周波数を身につける時代だ。

どの登山口から登っても、頂上で見る景色はひとつだ（わたし自身はできる限りエレガントな登り口だったり、ユニークで軽やかな登山をしたいと思っているが）。自分らしく登って行って、その過程と頂上を体験したいし、そのひとりひとりの内なる行為こそが、この世界に打ち響いて、うつくしい光と調和をもたらすと考えている。

ひとりひとりがつくられた神ではなく大元の源とつながる時代であるし、ひとりひとりの中に神が存在することが明らかになる時は今なのだ。

そのためのすばらしいヒントを、すぐれた霊性の世界はわたしたちにあますところなく用意しているし、ほがらかに扉を開いているように見える。わたしたち自身の扉もどんどん開きはじめている。

反転

ようやく世の中に反転の法則があることを体感したのは2018年春のことだった。

当時わたしは、いわれなき誹謗中傷を見知らぬ人から浴びせられるという体験をした。そのときに得た感慨だった。見知らぬ人々からズタボロにいわれる中で、わたしは愛を学んだ。掃き溜めに鶴。いや、そんな中だからこそ愛がわかった。この状況から抜け出すには、愛になるしかないと悟ったのだ。何より自分をいわれなき非難から守るには、その人々に感謝の気持ちを本気で送るしかなかった。そういう結論に達した。わたしにとっては自分自身が、ただ黙って愛となって生きることのみが根本解決となると悟ったのである。実際に、その間もそのあとも、愛と感謝を感じることばかりが続いた。〝掃き溜め〟と言いたいほど酷い状況だからこそ、非常に精妙な愛の世界が生まれるということを感じはじめていた。

たまたまその頃出合った白井剛史さん（プリミ恥部さん）の文章からも反転の意味を知った。反転はこの世界の大切なしくみのひとつだ。

ジョン・ハイダーの『タオのリーダー学』（春秋社）が若い頃から好きで読んでいるがこんな箇所がある。

すべての行動は双極、または対極からなっている。なにかをこれでもかこれでもかとやっていくと、その反対のものが姿をあらわす。

たとえば、美しくなろうとする必死の努力が人を醜くし、やさしくなろうと頑張りすぎると利己的になる。

いきすぎた行為は反対の結果を生じる。

• 生への執着には死への恐れが隠れている。

- 真の簡素の実現は簡単ではない。
- 待つ時間は長く、楽しい時間は短い。
- 自慢する人は小心で不安を感じている。
- 最初に突っ走る人は最後に到着する。

「双極性」より

- 譲歩することによって強靭な力を得る。
- なにもない空間が満たされる。
- 自分を捧げたとき、大きな自分になる。
- 打ちのめされたと感じたとき、成長がはじまる。
- なにも望まないとき、大きなものがやってくる。

「手放すことのパラドックス」より

『タオのリーダー学』(ジョン・ハイダー=著、上野圭一=訳　春秋社)より抜粋

何より、死は、生の中に含まれている。生と離れた場所にあるわけではない。生の中

にある。生きるということは、常に死に向かっているということだし、死が内在している。

タオが教える通り、手放せば入ってくるし、握る手を固くすれば逃げていく。陽が極まれば陰に転じ、陰が極まれば陽に転じる。光の裏には影がある。きらいきらいも好きのうち。物質の裏には非物質の世界、霊性による世界が繰り広げられている。すべてが渾然一体となって反転、反転、反転しまくってこの世界をつくっている。

反転している世界を知らなかった頃より今わたしは、すこしだけ強くなった。冷静になったし、愛でいるようになった。

蜃気楼とわかってからこそ、現実がよりあたらしい現実味をおびてわたしに迫ってきていると感ずるのである。

喜び、喜べ！

人でも自然でも、その存在がその存在以上や以下になったときに、不具合が出るように感じる。

たとえば、だ。

本来は、自分が自分のめんどうを見ればよい。ところが、過剰に世話好きの人がいるとする。その人には過剰に世話される人があらわれる。ここに依存関係が発生する。ものすごく忙しく働く人がいるとする。その多忙さからくる不具合が生じる。その不具合のためにもっと働くはめになる。仕事と不具合のせいで、完全にあるループにハマってしまう。

気をつかうという行為もそうだ。気をつかうというのは、完全に自然の摂理から外れている。一見いいことのように思われているが、害悪でさえある場合もある。不自然だから、気をつかうほうは疲労したり怒りをためたりする。気をつかわれているほうはすっかりそれがあたりまえになってしまい、甘えたりこれまた依存したりするきっかけにもなる。

自分なんて、と自己卑下する態度も自分で自分以下にしてしまっている態度だ。本来それは幻想なのだが、生育歴や社会での体験などによって、あるいは、生前に準備してきた課題によって自己肯定感が低い状態というものがある。でもこれも本来、自然ではない。しだいにそれを埋めるために、何かで補うようになっていく。行き過ぎた場合には、そうして健康や人間関係を破壊していってしまう。

自分がただ自分自身であるとき、それ以上でもそれ以下でもなくなる。
上から目線も下から目線も存在しなくなる。
自然のものはみんなそうだ。その運命をただ受け入れるのみだ。木は木として生き、魚は魚として生きる。鳥は鳥として飛び、虫は虫としてただ在る。それ以上でもそれ以下でもない。でも、すべては関わりあってつながり、活き活きと躍動し続けている。存在そのものであるときに、すべてと調和する世界が開ける。すべてとわたしがつながる。ひとつになる。これが、本当に、今自分に知らされている重要な真実のひとつだ。そして、ここにわたしはこの世界最大の霊性を感じている。この事実を、ただ喜んで生きるということが、霊性に生きるということだと信じている。

自分がすることは、究極的には喜び、ただ自分自身になって自動的にあそんでいるということに尽きるのかもしれない。

あたらしい次元上昇した時代は、あそんでいるように生きているという感じになるのだろうか。ただ舞っているだけ、みたいな自分にやがてなっていくのだろうか。

そう思うとあまりにあっけないようで何やら捉えどころのない気持ちにもなっていくし、同時になんだかこころがほどけていい気分にもなってくる。本当はこっちが本来なんでしょう、なんて思ったりもしている。

つかれる　はずれる

母方の祖母は、生前、外から帰ってくると祖父に「またたくさん憑《つ》けて帰ってきた」といわれ、祖父がその場でしょっちゅう祓っていたと聞く。

わたしは祖父みたいにはわからない。だいたい霊が見えない。それでも、「とりつかれた」って感じは、少しはわかる気がしている。

人は、どこか、いつだってとりつかれているものともいえる。

先日、プリミ恥部さんによる宇宙ロングマッサージを体験したとき、体内から、げほげほげほげほーーーと出て行ったものがあった。「それは、ご自身のパーソナリティの一部にすらなっていましたね」とプリミさんがいったのだが、わたしには、今生ではない、はるか遠く昔に、自分が魂に備えた何か、エネルギー体のようなものだと直感した。

表現したい自分。でもそれをすると非難されるという思い込み。だからやらない。その葛藤がエネルギーになって巣食っていた、というような。あるいは、それは恐怖心であり、怒りであった。いや、名前もつけられないような感情といってもいいかもしれない。げほげほげほーーーと出て行ったあとの、自分の軽さたるやなかった。よく精神世界の本に「本来の自分に戻る」なんて書いてあるが、からだ全体をもってして、その体験をしたようだった。「え？　素の自分ってこんなに軽いの？」と感じた。「体内にあったもの、出て行ったものに自覚的であることも非常に大事だ」とのアドバイスも受けた。自覚的でないと、また、「同じようなもの」を引き入れてしまう、と。

日常的にとりつかれている人もよく見る。たいていは何かにとりつかれているんだと思う。ぶつぶつなにか言い続けている人なんて、その人っていうより、明らかにその人にとりついた何かがぶつぶついっているみたいだ。不平不満が多い人も、そう見える。やたらと落ち込んだりもりあがったり……つまりは、ある種の精神疾患やその手前の症状というのは、わたしにはどうしても霊的な何か作用が起こっているように感じてしまうのだ。霊障なんていうけれど、なんだって霊障といえば霊障のような気さえしてくる。

とりつかれている人は、怒っている。嘆いている。憂いている。この地上にある有象無象の、そういう、エネルギー体を取り込んでしまっているかのようである。心配や不安にも見舞われている人、恐怖心に苛まれている人、猜疑心の強い人、プライドの高すぎる人、自信のない人、自己否定している人、罪悪感、無価値感にとらわれている人、一歩進めない人……もみんな全部……なんていったら、雑すぎると叱られるだろうか。

いや、わたしは、霊的な影響がないかという観点こそ、本当に、冷静に見たほうがいいとひそかに思っている。

とりつかれるとは、自分に、空虚さがあらわれるときに起こる気がする。自分の中に、ぽっかりと空間があるとき。甘えているとか、暇すぎるとか。実際、甘いものをたくさん摂りすぎていても、そういったものの温床になるとすら感じることがある。そんなときに自分の中に、空虚な空間があらわれる。こころが冷えた状態……からだが冷えて血と気の巡りが悪くなっているということに加えて、傲慢、冷酷、強欲、利己*といった、こころの冷えがあらわれたとき、何かに、とりつかれるという現象が起きる気がする。

とりついたエネルギー体はやがて自分の一部となり、自分の人格のひとつとなっていきさえする。こうなると、はずすも何もなくなっていく。こうなると、その自分の記憶が映写する「映画館」から出られなくなっていく。観ている映画はいつもホラーか、ショッキングなアクションもの、センチメンタルな悲劇などなど。

その映画館から出るには、除霊や浄霊ということも……わたしの祖父がやっていたみたいに……必要かもしれない。でも、自分自身という土台の周波数（エネルギーの振動状態）が変わらない限り、またとりつかれる。そういった行為すべてが無駄ともいわないけれど、でも、他人任せにしないで自分が変わるのがいちばんのいい方法だろう。だからわたしは、この周波数を自分で変更していくという方法で自分が試してよかったものを、これまで紹介してきたのかもしれないと思う。自己浄霊法。こう書くとどこかおどろおどろしいけれど、とりつくものを祓い、とりつかれない自分自身になることが、この地が楽園になる、遠いようで近道なんじゃないかと確信している。

とりついているものは、道端に潜んでいる低級霊、先祖の思い、なんていうのもあるだろう。うちの祖母みたいに、どこかで、つい拾ってきてしまうような。実際うちの祖母は、いつも白砂糖を何杯も紅茶に入れて飲み、少し惚けたような、自分の中にこうだという軸のあまりないような人間だったようにわたしには見受けられた。祖父がいうように「たくさんつけてくる」というのも、わからなくないな、という感じ。あとは、生身の人間の感情も、エネルギー体になると思う。これがいちばん強くて怖いなんていう人もいる。そして何より、アーシュラ・K・ル＝グウィンの『影との戦い』じゃないけれど、やっぱり影は（過去生だったりの）自分だった、みたいな、自家製のエネルギー体だったみたいなことだって往々にしてあるにちがいない。わたしの中からげほげほげほーっと出ていったのも、この部類かも。

そういえば、「疲れる」は、「憑かれる」と関係があると思う。「疲れる」から、「憑かれる」のか、「憑かれた」から、「疲れた」と感じるかはわからない。同時なのかもしれない。

あるときから、我が編集部では、「おつかれさまです」というのをやめた。ヨーロッパ帰りのスタッフに「疲れてもいないのに、おつかれさま」というのはおかしいと思うと指摘されたからだ。ごもっとも。それ以来、1年に1度か2度、ほんとうにくたくたになったときだけ、使うようにしている。それ以外は、「およろこびさま」を採用している。最初は、笑ってしまう感じだったが、慣れてしまうともう「おつかれさま」とはいえなくなってしまった。「おつかれさま」といいあってる限り、何かが「憑く」土壌を提供してしまっているような。

本心をわかっていないときも、とりつかれる気がする。本心といってることがずれているときも、とりつかれやすい。とりつかれていると、本心といっていることがバラバラになりやすいともいえそうだ。やめたいのにやめられないというのも、とりつかれている証拠だろう。

先日、ある方の講座で、人間の行為で「怠惰」がもっとも悪いといっていたが、怠惰になっていたらなにかにとりつかれているのかもしれないし、怠惰な状態はとりつかれやすい状態ともいえるだろう。

怠惰の何が悪いのか。いちばんは自分自身が自分自身をあるがままによく見ることを怠ることはそうかもしれない。ものごとを行うときに自覚的でないこと、明晰性への尽力を怠ることもあてはまりそうだ。なんとなく生きてたら、そりゃ、とりつかれやすくなるんだろう。

自然に、はずれることもある。はずれるのは、誰かにこっぴどく怒られたとき。恥をかいたとき。大きな事故。大きな病気。破産。離別。辞職。何かが壊れるときというのは、とりついたものも自然にとれてはずれるのだろう。

先日、ある大きなタンクに躓いて、思いっきり転んだ。左足を強打した。でも、その瞬間、「なにかがはずれた」と感じた。実際、整体の先生に聞いたら、自分の中にエネルギーが鬱積したときに、怪我をして放出し循環を促すということが起こるらしい。それを霊と呼ぶかどうかはともかくとして。あとは体質が変わるときにもはずれそう。厄年なんていうのもそういう変わり目をいうのかもしれない。

でも、そんなときを待たずとも、自分の中の神性に目覚めて愛から生きるとき、とりついているものをはずし、とりつかれない自分でいられることはできる。あと、とりついたりとりつかれたりしながら、生きているのが自分たちだと自覚していることも必要かな、と思う。見えない世界で、エネルギーのやりとり、交換があったり、自分のパーソナリティの一部となったりして、自分は生きている。過去の人間たち、先祖たちの思い、そして自分の思い。そう思うと本当に果てしない話だし、わけのわからないことも合点がいくような気になってくる。

連綿と繰り返している

霊性にまつわる体験や読書からと、実生活を送る上で得てきた感慨と、両方をあわせてつくづく感じていることがある。

それは、人は、自分自身の内側にあるものを外側に見ているだけだということ。もうひとつは、それと関連して、人にいっていることはたいていの場合、自分自身にいっていることだということだ。

自分の内側にあるものを外側に見ているというのは、ホ・オポノポノや並木良和さんの著書にくわしく描かれているし、わたし自身、自著でも語ってきた通りだが、自分の中に映写機があってそこに潜在意識でつくられたフィルムがセットされていて、それを外側に映して見ているのを「世界だ」と認識しているということである。

外側に、本当は、世界はない。

わたしの知人は、藤子・F・不二雄さんの『パーマン』のコピーロボットをよく喩えに出した。ふだん、世界は、コピーロボットのようにぐったりと静止している。でも、自分が目を向けるとそれがさも生きているかのように動きだす、と。世界とは、どうやらそのようなものだとわたしも理解しはじめている。

わたしたちが、外を見るときに、自分に内在されたフィルムから見ている。世界はフィルムに映写された世界なのであって、万人共通の世界など実はどこにもない。この眠りによる「夢」があまりに精妙にできているから、「世界」を共通に感じているというふうに思い込みがちだが、地球は人の数だけあるのだ。

人は、見たいように世界を見ている。サングラスをかけて見ているといえばわかりやすいかもしれないけれど、サングラスというよりももっとごついフィルムが内蔵されていて、それを毎瞬毎瞬、映写して、「えー！」と驚いたり、「がっかり」と落胆したり、「わーい」と喜んだりしている。

しかもこの営みを、どうやら、ものすごく気が遠くなるほど長く続けている。輪廻はラットレースの如し。同じ輪の中で、せっせと回り続けている。自分の潜在意識には、信じられない量の思い込みや信じ込みが入り込んでいる。それを、ただ、眼前に映し出し、世界だと思い込み、「ぎゃん!」などと反応しながら感じ、生きている。

人間関係、経済のこと、セルフイメージ(自己肯定感)、愛に対しての価値観、自信、罪悪感、プライド、地位、名誉、衣食住……挙げだしたらきりがない。どこにいつどんなふうに生まれようとも、なんらかのかたちで、魂にある記憶が残っていて、その映写を繰り返しているようなのだ。「自分なんてだめだ」という記憶が入ってると、「自分なんてだめだ」というできごとを外側に見てしまう(さも「自分はだめだ」という映像を外側に映写してしまう)。そして、「ああ、やっぱり」となって、より「自分なんてだめだ」という思い込みが自分のフィルムにまた色濃く染められていく(しかも「ああ、やっぱり」と思うとき快感物質が脳内から出るのだとか。それでどんどんネガティブ思考中毒になっていってしまう)。

この状況とつながるのかもしれないが、もう何十年も前に、知人が電話でさんざん怒っている様子を見て、わたしは、人にいっていることはその人がその人自身にいっていることだとはっきりと気づいた瞬間があった。その人は興奮して、「相手がいかに偏狭か」を語るのだが、その語っている張本人がまさしく偏狭な性格なのであった（！）。そのように観察すると（自分のいっていることも含めて）、誰かに向かっていっていることは、自分自身へのメッセージだし、相手はわたしであり、大いなる視点をもつならば全部自分、なのである。

何かに反対したり、賛成したりしている場合も、まったく逆の立場に自分がいたとして、でも、自分がいいたいことというのは、かつての自分（過去生の自分）にいっていることかもしれないということだ。

人間関係にもそれは現れる。夫婦などはいい例だろう。

たとえば、妻が夫の何かが気に入らないとする。何か、引っかかっている部分、気に入らない部分こそ、その妻が潜在意識にもともと刻印してきた映像なのであり、もっといえば、自分自身の鏡であるという例だ。

これもたとえばだが、妻がヨガや自然派の食事が好きだとする。
でも夫は、そういった趣味嗜好がまったくない。その時に妻が特に苦にしなければそれは問題ですらない。でも、もし「夫はどうしてジャンクフードばっかり食べるのだろう?」とか、「自然食に理解を示してほしい」と「問題視」したとする。わたしは、よく思うのだ、この妻の中に「ジャンクフード的」「自然食を理解しない方向」の映像、または周波数といったらいいか、そういったものが内在しているからその夫を見るのだ、と。自分の中に、ジャンクフードも、自然派の食事を理解しないという記憶も完全になければ、夫の態度がまったく気にならなくなるか、夫もすんなり似たような趣味嗜好になるか、もしくは離れることになるかなどになるのだろう。「問題」は、自分の中に、その「問題」か「問題」と同じ周波数帯のエネルギーがあるから、眼前に現れる。自分の中から消滅しない限り、現れ続ける。

ホ・オポノポノでいうクリーニング、並木良和さんでいう統合、または、まったく別の観点をもって、霊的な抜本的な反省が意識の中で行われるとか、本質的に気づくとか、深く深く腑に落ちるという体験が起こると、もう「問題」を見なくなる。これは体験してみるしかないが、この世界の霊的なたいせつな秘密のひとつだろうと思う。秘儀といってもいいかもしれない。

自分が誰かにいっていること、ことに繰り返しいっていることというのは、それくらい、腑に落ちるための、霊的反省または覚醒のためのヒントに満ちているということだ。

自分が人にいっていることがまさに自分へのメッセージかもしれないという視点をもつというようなことからはじめて、さらには自分の中にあるフィルムへの自覚、フィルムを取り替えることによって、連綿と繰り返してきた「わたしの歴史」がいよいよ、あたらしい時代のものに変わってしまうにちがいない。その瞬間、過去と現在と未来と、時間が一列ではなくなって真空になったみたいな気がする。自分が世界と一体になったような。そのような霊的な体験は、きっと時間も空間も飛び越えてしまうにちがいない。

何よりわたしにとっての霊的な体験とは、ひとつは、まさにこのようなものなのだ。こういう見方が科学的にどうかとかの議論よりも、意識が変わるような見方や考え方や態度を、自分で実験し体感すること、それにより思ってもみないように世界を感じられたりすることがわたしを心底たのしませる。生きた心地がする。小説や映画や漫画よりももっとエキサイティングで、いきいきとした体感があって、痛快な体験ができるのが、わたしにとっては霊性にまつわるものの見方であったり、霊的な感性による何か、なのだ。

さて、これからわたしはどんな映像を観ていくのだろうか。

一元化する世界で

先日田舎の美容院で話していたら、「昔の美容院って、大晦日は徹夜で営業していた」という話になった。

大晦日、若い女性は振袖を着て、そのまま初詣にでかけたというのだ。そのため夜中でもヘアスタイルを直したり、着物の着付けをする人がいたのだろう。大変な賑わいだったと話してくれた。昭和30年代、40年代の話だろうか。一方、今は、忙しさが均質化してきているという。きれいにするのは、年末年始だけじゃない。年がら年中きれいにしていたい。だから、毎月、おしなべて忙しくなったという。

そんな話を聞いたあと、その美容院で、『家庭画報』を開いた。女性の小説家が、「人物の苦しみに焦点をあてるのではなく行為に焦点をあてたら小説がかけた」とあった。人物の苦しみや葛藤を中心に書くと小説が重くなりすぎるというのだ。あれ、小説って、苦しみや葛藤のある主人公が何かするから「物語」になる、そういうものじゃなかったっけ。あちこちでものごとが均質化し、幻想がもろく溶けて解放されていっているのかもしれない。

もともとあった世界っていうのは生まれる前や死んだあとの世界、あるいはもう信じられないほど超古代の世界って、無で、フラットな世界だったんじゃないか。でも、「なんかそれではつまらない」となって分離をした。分離することで、「違い」が感じられるようになって、経験が生まれた。そこには、ポジティブな経験、ネガティブな経験も両方が含まれるけれど、その全部を味わうことで、世界を感じ、自分という存在を進化させるという狙いがあったような……。

たとえばだが、自分自身が、男性性と女性性と完全に調和した状態であって自分が自分で満足させられたら、誰かと恋に落ちたり、結婚なんてしなくていいのかもしれない、と思う。

かつての完全なる世界というのは、この完全に統合した人物みたいなもので、ひとりで完璧に満足できる人のようなものだったのだろうと思う。葛藤もなく、苦しみもない。恋愛から得られる安心感とか喜びみたいなものが24時間365日ひとりでだっていつも味わえる状態。でもそれに飽きて、女と男に分かれた。でも、その差異や性差だって、どんどん今あいまいになっている。

何か足りない、葛藤がある、苦しみがある、悲しい、辛い、怒っている。罪悪感、そして無価値観（この2つの存在がいかにわたしたちの中に存在し、目醒めをさまたげ、深い眠りに導かれているかは、並木良和さんの統合ワークで知った）。

これらは、分離の感覚を味わう最高のアトラクションだ。ひとりSMプレイ。だって、こういった感情の振れ幅が大きければ大きいほど、その逆のポジティブな感情の体感も大きい。昭和30〜40年ごろの若い女性たちが日々をごくごく質素に暮らし、大晦日にいきなり晴れ着を着てご馳走を食べるときのように。ギャップって、たのしかったのだ。

ところがどうだろう。今は、もちろん、人や状況によって違うが、昔に比べれば毎日お正月のような食事ができるか、そんな食事をする可能性に満ちている。そこにギャップはないから、お正月だからといって、ヤッホー！　と気分が上がるわけではない。

実際これから独身者は増え続けるだろう。もう、わざわざ誰かと家族をつくらなくたって、生きていけるようになったのだ。「違い」を統合していく必要はどんどんなくなっている。自分自身で完結していけるのだから。

ギャップをアトラクションにしていると、これからは苦しくなっていくのかも。

違い、というのは、もうどんどん古くなっているのだ。世界は、一元化に向かっている。あなたがわたしでわたしがあなたの世界に確実に向かっている。

そしてそんな折に、とんでもなく役立つのが愛という存在なのだろうと実感している。

統合の世界

先日、地球暦というユニークな暦のワークショップに出席したら、立案者の杉山開知さんが、右も左も同じという話をしてくださって印象に残っている。

お盆をもつような格好をして、手のひらを空に向けて、右手を右回りに回してみる。同じように、左手は左に回す。同時にぐるぐる回す。その回している両腕を今度は、手のひらと手のひらが、ぶつからないくらいまで近づけて、回したままで手のひらを少しだけ離し向かい合わせにする（子どもが汽車ぽっぽをするみたいな動きになる）。そうするとその回転の方向は結局同じではないかという話。

杉山さんは子どもの頃から、先生に「右っていうのは左でしょ」とずっとくってかかっていたというが、右か左かは、どちら側から見たか、というだけであって、同じものを指しているというのだ。

今、女性と男性の区別も、どんどんなくなっている。多様性のあるジェンダーが表現されるようになったこともだけれど、従来の性のままでいる、いわゆる「女性」や「男性」だって充分に、それぞれが両性具有的になってきている。

医学の世界では、統合医療も盛んだ。従来の西洋医学と東洋医学を統合する。現代医学と代替医療を併用するという動きは、特段めずらしいものではなくなってきている。

綿棒で神聖幾何学をつくるとき、シードというかたちとマカバというかたちは、陰陽となり、ひとつがエネルギーを吸い込むかたち、もうひとつが、エネルギーを吐き出すかたちになっているのだが、しかし、実は、見方によっては、ふたつとも同じかたち、になる。影などを見るとよくわかる。

もうずっと、この地球は分離の世界が続いていたのだそうだ。

二項対立的な感性でものごとを捉えることが一般的だった。でも、あたらしい世界は、すでに一元的な感性になっていて、統合された世界観が、あちこちで立ち現れている。わたしはあなたで、あなたがわたしだと、少しずつ人々が気づきはじめている。わたしは世界で、世界はわたしであるし、わたしが神であるし、神はわたしである。

このような感性を暮らしに導入すると、どんどんものごとが信じられないほどスムーズに進んでいくように思う。批判や批評や判断のない、ただ在る世界。愛の世界。祝福に満ちた世界。それはただ何か茫漠とした甘やかされた世界というのではなくて、非常に明晰性に溢れた世界でもある。

ごくごく簡単なことから、現実的な暮らしの中で二項対立ではなくて一元論的なものの見方をしてみると、何か非常に有効であたらしい感覚をつかめるのではないかと思う。

勝ちも負けもなく、成功も失敗もない世界。

ただこの瞬間のおもしろさに没頭する、我のない自分が存在するようになる。

ここにすべてがあって、自分がすべてであるとわかる。

統合の世界はあちこちで、かつ驚くべきスピードで、その萌芽がはじまっている。

愛の世界はいよいよこの地球に立ち現れている。

子どもの繊細さと霊的な意味

ここ数年、発達障がいについてよく耳にするようになった。アスペルガー症候群、ADHD、ADD、ADS。最近ではHSPなるものも知った。ハイリー・センシティブ・パーソンの略だという。HSPは性格や脳の機能障がいではなく、純粋に気質だということだ。非常に敏感な感度をもっていて、人との境界線が薄く、まわりの影響を受けやすいという気質。5人に1人もいるという。また発達障がい、気質に関係なく、食べ物のアレルギーをもっている人も多いし、洗剤などの香りがダメという人もいる。ホルムアルデヒドはじめ建造物関連のアレルギーもある。

自然環境の視点からいえば、自然ではないものが増えすぎたのだろう。先日も、発達障がいの家族会を主宰する方々をインタビューする機会を得た。20代の娘さんがわたしの本の読者で、その方のおねえさん、おかあさん、おとうさんの4人で活動しておられる。曾祖母、祖父母、父親が、それぞれアスペルガーだとわかったという。つまり読者の方の父親が、発達障がいの当事者でもある。その父親は、当初、ギャンブル依存症だった。依存症施設の精神保健福祉士さんとのつながりで、その根っこに発達障がいがあるというふうにわかっていったそうだ。

発達障がいは、脳の機能障がいだといわれている。でも、それだけだろうか？　わたしはずっと疑問があった。先天的なもの、遺伝的なものだけではわたしは説明がつかないような気がしていた。後天的な働きかけができる部分もあるんじゃないか？　たとえば、アスペルガーないしはアスペルガー傾向にある人が親で、自分もその傾向があり、その親から育てられると、よりアスペルガー傾向が強くなりそうだ。もしそうだとしたら、逆にいえば、後天的に改善できる可能性がありそうだということだ。ことばづかい、まわりの人の反応のしかた、そういったことで、社会生活で困難をきたしそうな部分を軽減させることはできるんじゃないかとずっと考えてきた。

そのご家族の話では、愛着障がいもあるという。愛着障がいとは、しかるべき子ども時代（生まれてから2年間まで）に、主に母親からしっかり抱きしめられたり、愛されたりしておらず、愛情表現やコミュニケーションに支障をきたすというものだ。岡田尊司さんの『愛着障害──子ども時代を引きずる人々』（光文社新書）にくわしい。

このギャンブル依存症だったおとうさんは、ちいさな頃、家族団欒の思い出がない。さみしい気持ちがずっと自分の奥底で横たわっている。一方で、ＩＱは高く（アスペルガーの人でＩＱの高い人、特殊な才能がある人も非常に多い）、社会的にはＰＴＡ会長をしたり、何かの役員を担ったりしてきたという。

インタビューで非常に興味深かったのが、食べ物との関連だ。

わたしも少し前からその情報を聞きはじめていたのだが、農薬や添加物の問題が、発達障がいと関係があるのではと警鐘を鳴らしている方々がいる。ドイツなどではすでに問題になっていると聞く。その父親についていえば、食べ物をオーガニックのものに切り換えたら、みるみるうちに、性格が穏やかになったのだそうだ。食べ物に気をつかっていなかった頃は、目つきがおかしく、３日も帰らないような時もあったという。そのたびに妻や子らは「おとうさんは自殺するかもしれない」といつも思っていたというのだ。「父が死ぬか、わたしたちが殺されるかのどちらかだと思っていた」と。このオーガニックの食生活による変化は後天的にできるアプローチとして有用な可能性が高いと思う。

聞くほどに壮絶な話だが、現在、そのご家族は、発達障がいの家族会を運営しながら、父親の快復に向けて家族一丸となって行動している。子どもの頃の傷ついた感情のケア（愛着障がいのケア）、そして、無農薬野菜による本物の野菜をベースにした食事、さらにカウンセリング、家族会での活動を続けている。

ギャンブル依存症が病気とはいえ、娘さんたちは大学進学に向けてコツコツ貯めてきた貯金まで父親に使われ、ことばの暴力をふるわれ、親たちの激しい夫婦喧嘩ばかりを見て（さらには曾祖母、祖父母らとのもめごとなどもたくさんあったそうだ）、「わたしたちは、まちがいなくアダルトチルドレンです。インナーチャイルド（未消化な感情）のケアをこれからして自分を本当に取り戻していかなければならない」と極めて冷静に話してくださったことが実に印象深かった。なにせ、見事なのが、この家族、傷つけた側も傷ついた側も、ともに活動していることだ。少なくともわたしがこれまで会った方々で、こうしたケースははじめてだった。想像を超える悲惨な家族。でも、そこには笑顔もあり、なにより、許し合いがある。信じられないけれど、その事実が目の前にあった。

さて、こういったこと……このご家族が体験していることの、また、社会的に発達障がいをはじめ、これまでは聞かなかったような個性が生まれてきていることの霊的な意味合いは何なのだろうか。

１９７０年代あたりから生まれたインディゴチルドレン、１９９５年あたりから生まれたクリスタルチルドレン、２０００年代生まれからのレインボーチルドレン*。最近生まれた統合の世界の子どもたちはユニティチルドレンなどといわれる。高い霊性を兼ねそなえたあたらしい感覚の、繊細で、平和的調和的な子どもたち（くわしくは２３３ページを参照）。

時に、この子どもたち、発達障がいだったり、ＨＳＰだったり、化学物質に超過敏だったりする。実際、知人の子どもたちを観察していると、従来大人があたりまえだと思ってきた「こうするべき」に、小気味いいほどあてはまっていかない感じがある。と同時に、クリスタルチルドレンとおぼしき子どもらは、一様にものすごくやさしい。子どもってやさしい側面があるけれど、もう少し、老成したイメージのやさしさなのだ。平和の使者たちといったムード。もちろん、ものすごく敏感だ。ものすごく遠くのちいさい音でも、全部どころか拡大されて聞こえてしまうという子。まわりのムードを敏感に察知してしまう子。相手が何かを言う前から、または言ってからでもその把握する能力がものすごく高い子。あらそいごとがまったくダメな子。先日もある18歳の男の子とわたしの夫が、レンゲ畑にいて、レンゲ畑のほうへ入っておいでよと夫が男の子に声をかけると、「花が……」といって入ってこなかったという。理由をきいたら「花を踏むのがかわいそうで入れなかった」のだそう。一事が万事、このような態度なのだ。

いいだせばキリがないが、まちがいなく大人たちとは違う感覚をもって生まれてきている子たちが続出している。セラピストの大野百合子さんによれば、少し前までは、「おかあさんを助けたいから」「おかあさんがやさしそうだから」という理由で生まれてくる子どもがとても多かったのに対して、最近の子たちは「地球を救うために生まれてきた」という子どもが増えてきたとおっしゃっていた。

ある方向から見れば、「障がい」なんて名前がついたり、行動でいえば「不登校」となったり。でも、霊的な方向から見れば、見事にクリスタルチルドレンだったりレインボーチルドレンだったりする。

わたしはこの霊性の観点からの見方を、決して、逃げだとも思わなければ、ごまかしでもないと思っている。なぜなら、インディゴ、クリスタル、レインボー、さらにあたらしくうまれているというユニティチルドレンの特性を理解することは、その子をより深く理解することにつながるからだ。あたらしい視点が与えられる。しかもその視点は、自分や社会や世界を捉え直すのに非常に有用だ。この子どもたちは、現世的な中では毒ガス検知で活躍する「カナリア」的な役割をしているだろうし、この子たちに照準を合わせて暮らすことは、そうでない人間や、または自然などを守っていくための重要な平均値をつくることになっていくだろう。

そうそう、そうしたら、30歳になったばかり、ＩＴ企業から転職し、自然の暮らしをはじめたある男性も、生まれる前の記憶があると先日こっそり教えてくれた。突然遠くの（今どこかで起こっている）景色が見えることがあるともいっていた。わたしの読者さんのパートナーの男性も、やっぱり前世の記憶があるという人がいた。20～30代くらいの若い人たちは女性男性問わず、サイキックかそれに近い能力が自然に表出しているように感じる。さらに若い世代ならなおさらなんだろう。

ひとつの側面から見れば問題行動でも、別の側面から見れば新時代のヒントにあふれ、好機そのものだ。わたしが霊的視点に期待するのはこの面だし、霊的な観点からものごとを見るというのは、偏狭なことでもトンデモでもなくて、むしろ、見方の幅と奥ゆきのレンジを思いっきり広げる行為だと信じている。

いや、トンデモという方向から見ればどこまでもそうなのだろうし、まったくあたらしい見方もできるということなのだ。

すべては個人が世界をどう観るのかにかかっている。

本当の意味での霊的な視点には、やさしさとおおらかさと希望、そしてうつくしさがある。あたらしい子どもの存在や発達障がいや気質について知るにつれ、そんなふうに思っている。

*インディゴチルドレン……　1970年から1990年代に生まれているといわれる。感受性が高く、霊能力があるといわれる。その集合目的が、無用となった古いやりかたを壊すことにあるため、激しい気性をもってい

ることも。

クリスタルチルドレン……　１９９５年以降に生まれているといわれている。インディゴチルドレン同様、感受性が高く、霊能力がある。インディゴチルドレンが切り開いた道を、よりすばらしい世界へと地ならししていく。至福に満ちていて、情緒が安定していて穏やかな子どもが多いとされる。テレパシー能力があり、ことばを話し出すのは遅い。目に特徴があり、賢明な目をしているといわれる。

レインボーチルドレン……インディゴ、クリスタルチルドレン同様、豊かな感受性をもち、霊能力がある。霊的には最高の状態といわれる。クリスタルチルドレンが地ならしした世界をより愛と調和の世界に導いていく。人間の中にある神性や潜在能力を具現化して生まれた子ども。クリスタルチルドレンを両親に選んで生まれてくるといわれている。誰かを恐れるということがなく、奉仕のために生まれてきた神の化身ともいわれる。転生がはじめてともいわれている。

これらの子どもたちは、発達障がいと診断され（ＡＤＤ、ＡＤＨＤなど）、薬物療法などをされると、その感受性が失われてしまうといわれている。また、自然環境や空気の汚染などにも敏感である。

◎参考

・ドリーン・バーチュー日本語公式サイト http://doreen.jp/angel_guide/08.html

・『インディゴチルドレン　新しい子どもたちの登場』（リー・キャロル＆ジャン・トーバー＝編著、愛知ソニア

＝訳、ナチュラルスピリット）

・『クリスタル・チルドレン　感性豊かな愛と光の子どもたち』（ドリーン・バーチュー＝著、鈴木美保子＝訳、ナチュラルスピリット）

ふるふると揺れる

白鳥おどりの唄の先生であるミツケ先生に電話したのは昨夏のことだった。80代後半になるミツケ先生に、夜這いの話をインタビューしたくてご連絡したのだった。ご自宅にお電話すると、「え？　今日来る？」と言われた。「いや、今日は行けないから、また後日うかがいます」といって電話を切った。それがミツケ先生と話した最後になってしまった。その直後、突如入院されて、お話もできない状態になって今に至るのである。ミツケ先生がおっしゃった通り、あの日すぐに行けばよかった。ミツケ先生は何かこうなることを予見されていたのかもしれない。

岐阜・白鳥に、比較的最近まで夜這いの話があって、ミツケ先生がよくご存じであるということだった。盆踊りは今でいう合コンで、男女が出合ったら、そのまま暗がりへと消えていくのだとか。実際今でも、盆踊り会場のまわりはびっくりするほど真っ暗だ。家聞いた話によると、かつての夜這いでは男性が女性の家に行くことが多かったとか。家といっても今の一人暮らしなどではなく、親や祖父母もいるような実家であるわけで、外から女性が「洗濯ものは取り込んだ?」と家の中にいる母親に聞くのだという。そうして母親が「取り込んでいない」というと、「男を連れて入っていい」という意味なんだそうだ。親子の暗号。

夜這いというと、未経験の若い男性が、未亡人のところへ行って教わったとか、そんないろいろな話が残っている。安全で平和な話ばかりではなくて、望まない行為、暴力的な行為もあっただろう。悲しい話や封印されてしまった話だって山ほどあるに違いない。それでも、わたしは、闇の話も光の話も両方の話を聞いてみたいと思っていた。女性がいつも立場が弱く被害者ばかりではないという話を聞きたいとも思っていた。

ここ数年、フェミニズムの盛り上がりがすごい。大きい都市の書店のフェミニズム関連の書棚は実に活気がある。雑誌のフェミニズム特集もよく売れるようだ。

精神世界では２００８年あたりから、２万６０００年の周期の分岐点にあって、それまで男性性優位だった1万３０００年が終わり、女性性が優位になる1万３０００年の周期がスタートするといわれている。実際、#metoo の運動だったり、ＬＧＢＴの動きも熱くて、しょっちゅう胸がいっぱいになる。ことばにならない思いが溢れる。ああようやくこういう時代が来たとうれしく思うし、励まされもするし、勇気もわいてくる。逆にまだまだこういうことをあえていわないとならない時代、なんと遅れているのかと辟易する気持ちもある。いや実際、現状はまだまだ男性性優位な社会であることにはまちがいがない。そこかしこに古い家父長制度が色濃く残り、男の人たちだけでなく女性だって平気で「嫁」などといっているのなんかを聞くと頭がくらくらしてしまう。嫁っていいかた、いつの頃からか流布したけれど、あんまりじゃないかと思う。「うちの嫁」って感性、１ミクロンも笑えない。家に嫁《か》する。１００歩譲って姑がいうならまだわかる。でもそうではない女性が女性を貶める感性の一端を、無知のうちにもちながらえていることに一層落ち込んだりもする。

女性や女性性について語るとき、信じられないほどのグラデーションでありとあらゆる位相が混在していて、単純化して話しづらいといつも感じる。「こうだ」といったそばから、片手落ちになってしまうような感覚がわたしにはある。権利主張もまだまだしなくてはならない、暴力についてあたりまえにノーといわなければならない。でも同時に女性としてのからだやこころの特性もある。性的には受容する側だ（あくまで自分が愛する相手にだが）。相手にされるがままになる、自分というものを明け渡すことで強い快感が得られる構造にもなっている。仕事で輝く自分、経済的に自立していく自分と同時に、誰かから愛されたり、子どもをうんだりする性をもっていもする。まぐわいが、子どもができるということにつながっていることも非常にややこしい。うんと未来になったなら、そことここは、分けて行われるようになるんじゃないかと思ったりする。男性だって妊娠して子どもをうんだらいいのにとも。

女性や女性性のことを考えるときに、とにかく揺らぐ。だいたい女性や女性性自体がいつもふるふると揺れていると感じる。ひとつひとつの事象ごとに揺れながら、ああでもない、こうでもないと考えるのが、いちばん合っている。「こうだ」と決めてしまえる内容じゃないと思う。善悪正邪を超えた、揺れの中に、いつも答えめいたものがゆらゆらと揺れている……それが女性や女性性を語るときの、あるひとつの大切な態度だし見方なんじゃないか。

そしてそこにこそ、霊性の視点が必要だろうと勇気を出してわたしはいいたい。女性に生まれる前、転生前は男性だったかもしれないという想像力だったり、自分は今男性だけれども、女性だった過去生がたくさんあるかもしれないなどと夢想するとき、答えはより有機的な感性から見い出され、多様性のある、彩りのある、柔軟な方向性をもつことができるのではないか。

女性がないがしろにされた歴史のひとつには、女性が霊的な存在だったり、霊性と親和性が高いこととも関係がありそうだ。人は、魔女的な世界、霊的な世界に、どうしてもトラウマがある気がしてしまう。なにがなんだかわからないものには蓋をしたいという気持ち。答えは論理立っていて、ひとつであるべきだと思いたい気持ち。正義はひとつ、とか。形や歴史あるものへの敬意とか。権威主義的な発想にとっても、女性や女性性のもつある種の感性は時に目障りかもしれない。

しかし、女性が自然や宇宙とつながっている、ないしはつながりやすいこと。生理があるという身体的な特徴。常にふるふると揺れて、不安定で、一定ではないさま。ときに感情的だったり、論理立った世界に生きていないようなところ。勝ち負けなどの競争の外で生きる感性をもちあわせていること。弱いものの視点、弱いものの味方である視点。育むという視点。許しの視点。抱き含めるという視点。やわらかく、ときにはもろく、あたたかな感性。女性や女性性をこうしたことばだけに限定するつもりは決してないが、あくまでわたしが感じている特徴のごく一部としてあげたとしても、大勢の人が、これまでの歴史でこういう女性や女性性の特性にずいぶん助けられてきていたと思う。そもそも男性は女性から生まれ女性に育まれてきたでしょう？　といいたい。

いずれの場合も、女性や女性性、女性的な感性には、わたしは、霊性がどんなときも根強く内包されていると感じる。ノーであることにはきっぱりノーといい、しかし、女性の「あけわたすことが宇宙的自立の礎となる」*というような、非常に尊い資質については守られることを祈るばかりだ。

自分を無にする、明け渡す、負けるが勝ち、もろさが実は強いことにつながっているという視点は、非常に霊的な感性といつも共にあると思う。

女性こそ霊性の生まれる源泉であるし、そこがいよいよ発揮される1万3000年がはじまろうとしていることに、胸の高鳴りを抑えられない。

ある初夏のこと。ミツケ先生がお休みされている白鳥おどりの唄の会に、ひょんなことから参加することができた。全員で10名にも満たない参加者の中に女性が数名いた。唄をアドリブなども入れて、歌っていく。

だいたい歌詞がすごい。性愛を歌ったものもあるとは聞いていたが、わたしの隣にいた60代くらいの女性は毎回性器があからさまに入った歌詞を大声で歌い、そのたびに、参加者が女性も男性も大笑いしていた。ここには、被害者も加害者もいない。いやらしさもいかがわしさもない。ただあっけらかんとした喜びがあった。拝殿踊りの本番では、真っ白いUFOみたいな灯籠を囲んで、エッサッサと掛け声に合わせてこの唄が歌われる。現代じゃ、もう暗がりに消えていく若い二人なんていうのもいないのかもしれないし、実家に男性を連れ込む女性もいないのかもしれない。

それでも、やっぱり、あの暗さ、テンポの速い踊り、白い灯籠、性愛にまつわる唄、浴衣を着た女性のうなじ、下駄の音、ぎゅうぎゅうづめで踊る感じ、無言で誰もが参加せざるをえなくなるムード、お囃子も太鼓もない唄と下駄の音だけで踊るあの場には、霊性の存在が色濃く漂っている。

これからも、毎年夏になればあの山あいの村では、あの盆踊りが踊られる。目に見えない存在たちもまた堂々と、臆面なく踊っているにちがいない。

＊『新装版 ガイアの法則Ⅱ　超天文プログラムはこうして日本人を『世界中枢新文明』の担い手へと導く』（千賀一生＝著　ヒカルランド）より抜粋

わたしたちはどこからきたのか

ある頃から自分たちのルーツがどの星にあるのかという話題が会話の中にのぼるようになった。

もう何年も前に前世療法した時に、出生の星はどこだと堂々といわれていたし、その後も、別の人からも同じ星についてよくいわれていた。ごく最近になって、どこの出生星かわかるという人からも、同じ星をいわれた。

わたしは、シリウスが出生星だという。厳密には、ある別の星とのハーフなのだそうだ。

サイキックの方に、「シリウスらしいんです」というと、「シリウスっぽーい」なんていわれることもあって、シリウスっぽいって一体どういうことなんだと当時は思っていたけれど、最近では自分でもシリウスっぽい感じが、わたし自身でもなんとなくわかるようになってきた。

このほか、いろいろな出生星がある。

わたしが会ったことのある人では、プレアデス、アンドロメダ、金星、木星、アルタイル、ベガ、スピカ、月、水星、太陽、地底（地球）、冥王星……などがいた。そしてどうも同じ星の人どうしは共通点があるような気がする。

際立ってわかりやすいのは、プレアデス、月、金星、太陽だろうか。

月の人なんて、いかにも月が好きそう（実際、月が好きという人が多い）。聞いてみると、月出身という人は、たいてい月にお祈りをしたことがある（！）。わたしなどついぞ月にお祈りをしたことはない。太陽出身の人は、実際に、ものすごく太陽っぽい。無邪気で明るく、シンプルな性格をしている（さて、太陽生まれの人は太陽にお祈りしているだろうか）。

プレアデスの人は……明文化するのは難しいが、自然の暮らしを希求している人が多いイメージ。プレアデス特有の真面目さと、こころの「あそび」があるように感じる。

服や食べ物の好みもどことなく似ているような。とても思いやりがあってやさしく繊細な人が多い。

わたしの知るシリウスの人たちはどうだろう。シリウスは、どこか、トレーナー気質があるだろうか。自分の態度の中に人への教えみたいなものを含ませたいという欲求がひそんでいる気がする。道徳的というわけではなくて、「こういうやりかたもあるよ」と、ことばではなくて、姿勢で示したいというような。あたらしい文化をつくっているような人にも多い気がする。わたしの中では勝手にシリウス特有の白いイメージができあがっていて、シリウスの人にはその白さを感じることが多い。修道院的な土埃りを感じさせる白い色。

それにしても出生星の話はふしぎだ。だいたい確かめようがない。それなのに、〇〇星出身っていわれると、「ああ、そうかも」と思ってしまう。なんだろう、この感覚は。寝ているときには、自分の故郷の星に帰っているとも聞いたこともある。これもロマンチックな話ですね。自分なんて、夜寝た後に、シリウスに帰っているかと思うと、すっかり充電しているような気持ちになってくる。

地底人の人には、田んぼや畑の仕事をやっている人が多い。わたしの印象では、インディゴどころか、確実にクリスタルチルドレンかレインボーチルドレン（くわしくは233ページへ）の部類に入る人たちで、今まではない平和のビジョンをもっている気がする。男性にも多い。しかもその男性たちはみんなフェミニンな感性をもっている。

ちなみに、近年、あたらしく生まれている子どもたちは、純粋な地球人なのだそうだ。この子たちの感性は、信じられないほど平和的で、愛に満ちている。未来の地球はきっと今の地球とはぜんぜん違うものになっていそうだし、きっと大丈夫にちがいないと、子らの顔を見ていると思う。

大天使とタルパを呼ぶ

子どもの頃、おままごとあそびなどをして見えない相手とおしゃべりしたりする。あれ、しない人もいるだろうか？

わたしは何を隠そう、15歳くらいになるまでそういう存在がいた。

特に覚えているのは、さっちゃんという名前の子だ。

自転車を漕いでいるときに現れる目に見えない存在。

姿形は見えたことがないが、坂道を自転車で登らなくてはならないとき、「さっちゃん、助けて！」というと、ぐぐぐっと自転車を押してくれるのだ。呼んで、お願いすると本当に車輪が軽くなる。そういうわけで自転車に乗るときには、しょっちゅう「さっちゃんにお願い」をしていた。さっちゃんという名は、「さわさわと吹く風」の「さ」からきている。わたしのイメージでは、自分と同じくらいかちょっと年下の女の子みたいな感じ。風の妖精。ことばを交わしたりもしないけれど、自分の中には確かにいた。自転車とともにある目に見えない存在。そして高校生になったら完全に消えた。

そんな存在のことをすっかり忘れていたけれど、『超常戦士ケルマデック』で「タルパ」について読んで、さっちゃんのことを思い出したし、速攻でわたしも自分のタルパを生み出した。タルパとは、チベット密教の概念で、『超常戦士ケルマデック』にはこんなふうに書かれている。


チベット密教という学問がありましてね。

これは宗教とは、ちょっと違うのですよ。

二〇〇〇年もの間、ひたすら人間の意識や現象世界を観察した結果を、体系化した学問なのです。

つまり心理学と物理学ですな。

たかだか一〇〇年くらいの歴史しかない現代心理学などは、チベット密教と比べたら、まだまだその入り口といった状態なのですよ。

その奥深さには、実に驚嘆すべき真実が隠されているのです。

そのチベット密教の概念に、「タルパ」というものがありましてな。

「強力な凝念による魔術的形成物」「物質的形体として受け取られた、具現化した思念」「思念形態」「思念体、想念形体」などと、タルパ（トゥルパ）は表現されています。

仏教では、「ブッダや悟りを得た者は、数多くのニルミタ（化身）を千変万化の相に変じて一度に現すことが可能である」とも、表現していますな。

菩薩や地蔵、不動明王なども、実はタルパ的な存在なのですよ。強力な想念によって形成されたキャラクターなのです。

『超常戦士ケルマデック――あらゆる人生に奇跡を起こす不思議な物語』（ケルマデック＝著　M.A.P.出版）より抜粋

この文章のあとに、タルパを創作し活用するテクニック、実際にサポートを受けた人の例などが書かれている。

わたしは、この箇所を読んで即、タルパを創作した。

女性3人で、全員が、手のひらに乗るくらいの大きさの、美少女戦士セーラームーンというイメージだ。陽気で大らかな子、フェミニンで妖艶さのある子、体力抜群の子、の3人。Y子、M子、F子という。3人はふだんは、畳の部屋で休んでいる。でも、わたしが、「みんな起きて！　○○へ行って！」というと、3人ひと組となり、さっと起動する。時間と空間のない世界に彼女たちは住んでいるから、すぐにどこかへ行って、わたしをサポートしてくれるのだ。

わたしが実際にタルパにお願いするのは、やはり原稿があがってこないとか、デザイナーさんからゲラがアップしてこないとき。タルパに頼んで、その人の近くまで行ってうちわで仰いでもらったり、ときにはツッコミを入れてもらったりしている。その様子を想像するだけで笑えてくるけれど、実際に自分の気持ちもたのしくなってくるからふしぎだ。

わたしの知人で、大天使ミカエルを大活用している人もいる。車を運転し、混み合った駐車場に止めるときなどに「ミカエルお願い！」というと、必ず駐車場に空きスペースができるという。ほぼ100%でそうなるという（！）。今では「ミカエル」と呼ばずに、「ミーちゃん」で通じるという。それ以来わたしも、混み合った場所で席を取りたい場合などにしょっちゅう「ミーちゃん」を呼んでいる。

大天使に関しては、並木良和さんの『ほら 起きて！ 目醒まし時計が鳴ってるよ』（風雲舎）にも詳しく、ガブリエル、ウリエル、ラファエル、そしてミカエル、4大天使の特徴と交流のしかたが書かれてある。大天使たちは、「あなたが求めることを、あなたの言葉で伝えるだけで大丈夫です」と、並木さんの本にはある。「むろん助けを求めたら、最後に感謝の気持ちを伝えることも忘れないでください。天使たちは何も期待や見返りを求めませんが、僕たちの感謝が、彼らの唯一の報酬みたいなものですから」とも。

この箇所を読んで以降、わたしは何かあると大天使を呼ぶ。クリエイティブな面をサポートする、浄化のパワーが強いガブリエル、知恵の天使ウリエル、天界の癒やし手ラファエル、そして、使命や役割をサポートするミカエルである。タルパ同様、姿形が見えるわけではない。わたしのこころの中で行うのだ。でも、実際にやってみると、ものすごい軽やかさと荘厳さがミックスされたような感覚がやってくる。4大天使が天空から、わわっと部屋に降り立つのを想像するだけで（なぜか４大天使たちは、ふわふわで透き通ったそれは軽くてここちよさそうな服を着ている）、胸がいっぱいになる。自分をこの４大天使が助けてくれるのかと思うとふしぎと安堵するし、またその結果がどうであれ、それがベストだったのだろうと素直に受け取れる気になる。これが妄想であれなんであれ、実際の自分のこころに作用するところに注目したい。

ある日、ミュージシャンの友人がライブをやることになった。あたらしい編成でその日を迎えるため、何日も前からとても緊張しているという。彼女にわたしはタルパについて教えた。勘のよい人で、さっそくタルパを創出していた。なんでも、女の子と爺やのタルパだそうで、ライブ会場などをせっせとクリーニング（浄化）してくれたのだとか。ライブ後、「タルパのおかげで、落ち着いてライブできたー」とメールが届いた。

さて、タルパと大天使は、わたしたちの妄想なのだろうか？　現実なのだろうか？　わかっていることは、現実のわたしたちの現実の精神活動に、現実的に入り込んで、実際に励ましたということだ。サポートを受けている実感があるという事実だ。

人間は、まだまだ使っていない能力があるに違いない。この今も、Y子、M子、F子は、畳の部屋で、漫画などを呼んでわたしの招集を待っている。大天使は呼べば、いつだって降りてきてくれる。この力を、実に慎重にかつデイリーに使うこと、バカにしたり甘く見ない態度をわたしは現代の社会の中にあいかわらず真剣に求めている。

現代の日々の霊性とは

先日、ある、ちょっとした決定的瞬間に立ち会った。

半年強勤めた会社を辞めて、２週間ほどうつ状態だった30代の男性Aさんに、インナーチャイルドケアのセラピストやＩＨ（インテグレイテッドヒーリング）のプラクティショナーを行っている女性Ｂさんが、こう聞いたのだ。

「Aさんは、Aさん自身のこと好きですか？」

しばらく沈黙があって、Aさんは、ちいさな声でこう答えた。

「自分のこと好きかきらいかとか……考えたこともないな……」

自分のことを自分が好きかどうかというのは、なかなか込み入った話だ。少し前までは「自分のことを自分が好き」とか、「自分を好きになる！」とかいうと、薄っぺらい自己啓発か、ただただ浅いポジティブシンキングか、イケてない宗教みたいに思われて、まともに人生を歩んでいる人なんかは、拒否反応を示すような内容だったのではないか。「自分が好きかどうか考えたこともない」というのは至極まっとうな話であるし、おおむね、そんなことを内観する機会もないまま人生を過ぎていくケースがこれまでほとんどだったんじゃないかと思う。

霊性といえば、鈴木大拙の『日本的霊性』だが、著者は著作の中で、「自己否定があってこそ初めて宗教意識は呼吸をし始める」といっているそうだ。釈徹宗さんが、内田樹さんとの共著本の中でこんなふうに語っておられる。

日本的霊性の特性として徹底した自己否定・自己内省が語られています。《霊性の動きは現世の事相に対しての深い反省から始まる。（中略）（自己否定という）その病気に一遍とりつかれて、そうして再生しないと、宗教の話や霊性

の消息は、とんとわからない》（八四頁）
大拙はいろんな著作のなかで、「自己否定があってこそ初めて宗教意識は呼吸をし始める」と繰り返しています。どこかで自分というものがボキッと折れるという体験なしに霊性が立ち上がることはない。ぬくぬくと「自分というもの」を温存したまま霊性が賦活するということはあり得ない。それが大拙の考える宗教意識であり、霊性なのです。私も「自分というものがどこかでボキッと折れないと見えない光景がある」という点は間違いないと考えています。

『日本霊性論』（内田樹、釈徹宗＝著　NHK出版新書）より抜粋

今、わたしが知る限り、よく受け入れられている精神世界での基本的な論調は、「自己肯定すること」を肯定する態度に徹底されているように思う。「自分が好き」ということをベースにした考え方だ。そこに誤解が生じてはならないと思って、このことをあらためてよく見つめてみたいと思っている。

Aさんは、もともとずっと優等生だった。田舎の長男で、国立大学を出て、一旦は東京の会社に就職し、数年で妻を連れて地元に帰り、地元の優良企業に就職。子どもが生まれ、しかし9年経って、突然会社へ行けなくなった。約9か月、動けない生活を送り会社を退職する。はじめての挫折だ。

わたしはそこからAさんとのつきあいがはじまった。わたしの仕事の手伝いをしてもらうようになったのである。うつ状態から完全に抜け出していない頃は、うちの会社に、リハビリを兼ねてぶらぶらとあそびにくる日々だった。

好きな時間にうちの会社に来る。机に座って、好きなことをする。夜眠れていないから昼寝することもある（実際よく、横になっていた）。そんなこんなするうちに、たまにコピーを頼まれたりする。そういう生活を繰り返すうちに、元気になっていき、外部スタッフとしてあるまとまった仕事を依頼するようになったのだ。

さらにAさんは、うちの仕事以外にもここ9か月、別の仕事にも携わっていた。だが、「もうできない」とある日限界がきて、2週間うつ状態になって休み、そうして辞表届けを提出したという。9年間勤めた会社を辞めたときの、縮小版みたいなことを今回も行ったという感じだ。

インナーチャイルドセラピストのBさんは、Aさんにまず、内的葛藤の話をした。解放されたい自分のベクトルがあるとする。好きなことをしたいとか。たのしいことをしたいとか。しかし一方で、そんなことけしからん、というベクトルが逆方向に働くのだという。これが両方で綱引きのように引っ張り合いっこをし、内的葛藤となるという。「けしからん」と自分を断罪するベクトルをやめればいいのだが、長年それをやりすぎて、自分の一部になってしまっており、やりすぎていればやりすぎているほど、それを手放せなくなっているのだそうだ。そういう「けしからん」と思う自分もがんばってきたし認めてあげたいという気持ちが働いてしまうからなのだという。

では、「けしからん」のベクトルをやめていくにはどうしたらいいか。自分が好きなこと、たのしいこと、喜びとなること、そういったことを日々日々重ねていくしかない。解放のベクトルのことを、ちいさくちいさく積み重ねるうちに、「けしからん」ベクトルは、解放のベクトルのほうへ矢印を傾けていくのだという。

そんな説明がひと息ついたときに、Bさんが冒頭の問いを問いかけたのだ。

「Aさんは、Aさん自身のこと好きですか？」

Aさんが「自分のことが好きかきらいか考えたこともないな……」とちいさくつぶやくやいなや、Bさんが喝破した。なかなかのエネルギーだった。

「好きかきらいかも考えたことないなんて何やってるんですか！　そこを自分がやらなくて誰がやるんですか！　どうしてそんなたいせつなことをほったらかしにするんですか！」

いやいや、そんなに興奮しなくてもと思ったけれど、Bさんは、世界中のインナーチャイルドの大いなる味方なのだ。愛の大きさから声もつい大きくなってしまったのだ。

インナーチャイルドケア、また、精神世界のある中心となっている流れで大切にされていることは、わたしはやっぱりここなのだろうと思う。

「自分を好きかどうか」を点検するとは、その基本に、自分が自分をよく観察している、感じている、受け入れているという要素があると思う。「好きかきらいか」というと、やや誤解が生じそうだが、観察、感じる、受け入れるということばから理解すれば、想像しやすいだろうか。

たじろぐAさんに、自分は若い頃のことを思い出してこんな話をした。

はじめて月刊誌の編集者になったとき、いきなり4本くらいの企画を振られた。人数も少なかったたし、猫の手も借りたいほど忙しい少人数で構成されているちいさな編集部だ。右も左もわからないわたしでも当時15ページから20ページくらいは担当しなければ、雑誌が出ないような状況だった。

しかも大手の出版社ではなく予算も少なかったから、全部自分たちの手で行わなければならない。企画、取材はもちろん、記事の執筆、当時はレイアウト、デザイン、校閲、入稿まで、全部ひとりで行う。それを、いきなり4本はできなかった。

わたしは、忘れもしないある夜に、編集長にものすごい勇気を出して、あるお願いをしにいった。「1本だけどうしても間に合いそうにありません。申しわけありませんが、1本、担当から外していただけませんか」と。

編集長は、想像以上にあっさり、「いいよ」といい、わたしは3本の企画に集中すればいいだけになった。情けない気持ちもあったけれど、切り替えて、残りの企画に打ち込んだ。

このときのことを思い出したのだ。20代はじめの新入社員が入社して2週間後くらいにした行動である（何度も繰り返しになるが、ちいさな編集部だったから、研修期間もなく、総務などを経験することもなく、いきなり編集部員でページを任されていた）。

Aさんは、今回、2週間うつ状態になって仕事に行けなくなった。それは自分には「できない」「やりたくないこと」をやり続けたからだったそうだ。一方、わたしが当時、なぜ勇気を出して、「できません」といえたのか。このときのわたしは、自分と、編集部（スタッフ）へのリスペクトがあったと思う。どう思われるかとか、認められたいとか、がんばらないといとか、クビになるかもとか、そういうことじゃなくて、「現実的にわたしが4本抱えていたのでは、絶対に入稿できない。だったら早めに編集長にいうのが雑誌のためでもあるし、編集部員のためでもあるし、何よりわたし自身のためでもある」と。実際これ以上抱えていたら、わたし自身、プレッシャーで押しつぶされそうだった。もし4本をなんとかやり終えていたとしても、うつ症状がその後出たり、会社に行けなくなったかもと容易に想像ができる。

つまりは自分に自分の快・不快や、やりたい・やりたくないのリミッターが働いているかどうか、センサーが作動し続けているかどうか、簡単な内省だとも思うが、そこを見つめ、外に表現できるかどうか、ということが生きている上で必要なのだと思う。組織や仕事への尊敬と、なにより自分への尊敬が確固としてあるならば、2週間もいろいろなことをほったらかしにして止めて、自分も苦しむことはないのかもしれない。

Aさんは、自分のことを好きかきらいか考えたこともない、そのことを考えても何をどう考えていいかもわからないと、またいった。

わたしはこんなたとえを思いついた。

Aさんがドラム缶に入っているとする。

Aさんは、ドラム缶の外側に、人にわかりやすいラベル（レッテル）を貼りつけていく。◎◎大学出身。◎◎会社就職。結婚。子どもが生まれる。車を購入。家を購入。などなど。そうやって外側にラベルを貼っている缶を自分だと思っていないかということだ。

自分のことを自分が好きかどうかを考えるというのは、このドラム缶の中でしゃがんでいる自分のほうを見つめる、内省するということなのじゃないか。

外側にいろいろなラベルを貼っていくのは自由だ。でも、さまざまな行動の中で、ドラム缶の中の自分は、一体、どう感じているのか。快なのか、不快なのか。たのしいか、違和感なのか。うれしいのか、いやなのか。わくわくするのか、萎えるのか。

ドラム缶の外側じゃなくて、ドラム缶の中が自分というものだし、そこへの感度を高めるっていうことこそ、Bさんのいう「そこを自分がやらなくて誰がやる！」ということなのじゃないか。精神世界でいう自分を肯定するということの土台なのでは……。

もうひとつ振り返った。わたしが、3本の企画を、ひいひいいいながらつくって、その後も、まったく褒められることなく新人時代を過ごし、自分にはつくづく才能がないと思うことばかりだったが、仕事を辞めなかった理由。それは、「がんばらないと一人前になれない、認められない」という動機でそのときがんばっていたのではなかった、ということだ。ただこの仕事をうまくなりたい、できるようになりたい、いい記事をつくりたい、おもしろいページで読者を喜ばせたいという気持ちひとつだった。ある意味で没我の境地で仕事をしていたのだろうと思う。いや邪心ももちろんあったに違いない。でも「がんばらなくてはいけないからがんばるのだ」という気持ちはひとつもなかった。

もし、客観的な自分が現れて、「それはどうかな」とか「自分には向いてないよ」とかいった声が大きくなっていったら、自分は続けられなかっただろう。当時、ドラム缶の中をのぞいたり、なんて自分だってしていなかったと思うけれど、少なくとも外側のラベルのためにがんばってはいなかった。ドラム缶の中の自分は、燃えて燃えて一心不乱で喜んでさえいたように思うのだ。

Aさんに説明しながら自分はどうだろうと思った。

わたしはわたしが好き、か。

わたしはわたしでいることで居心地がいい、か。

もちろん、「問題」と感じることがゼロではない。うまくいかないなと思うことだって起こる。わたしが生きている環境や取り巻く状況で「どうかな」と感じることだってある。それでも、わたしは今の自分の居心地はいいと思った。反省はするけれど、きらいじゃない。若い頃は、きらいだったり罪悪感を感じたり自分を責める自分がいたりしたけれど、今は、もういないと思う。ほぼ、いないと感じる。

と、こういうことを見つめるということが霊性と関わるということなんじゃないか。

さらにいえば、鈴木大拙のいう自己否定を一旦はぐらないことには、このドラム缶の中を見つめる機会、自分を観察し、感じ、受け入れるという機会すら訪れないのかなと思う。自分で自分のことを好きというかはともかくとして。

親がアルコールやギャンブルなどの依存症であったり、毒親であったりした子どもが快復していくときというのは、このドラム缶の中の自分をいやというほど見つめて肯定する作業を続けることになる。そして、これからの時代は、そんな自己否定だったり、機能不全家族で育ったりしなくとも、このドラム缶の中の自分が大切にされて、しかるべき霊性とともに、霊性を高めていくという方向で人間が生きていく時代になっていくと予見している。

鈴木大拙は、浄土仏教がもつ「自分自身を内省する」ということによって、日本人の精神が初めて宗教的な覚醒へと至ることになった、と考えたそうだ。

「末法とか極楽往生とか、そんな教義よりも、『一庶民が自分自身を見つめる』という手法をもたらしたところに浄土仏教の大きな働きがあった。その結果、庶民の間に日本的霊性が芽吹いた、息づいた、というわけです」

『日本霊性論』（内田樹、釈徹宗＝著　ＮＨＫ出版新書）より抜粋

今、世界で起こっているある流れというのは、「一庶民が自分を見つめる」ということと、精神世界の知恵とが合体した状態だといったらいいだろうか。宗教だとか、思想信条だとか、そういったことの外で、このような営みが個人個人の中で行われているのが現代の日本の霊性のあるひとつの流れなのだと思う。

オカルトとかトンデモとかスピリチュアルといったカタカナのことばで想像する世界よりも、うんと清潔に、深みをもって取り組まれているように見えるし、地に足をつけた、あくまで個々人の内省的なとり組みであることをとても好ましく感じてもいる。

愛について思うこと

愛っていうと、ものすごく広いし、広い意味もある。

恋愛みたいなことを愛だと思っている人もいるし、救済みたいなことを愛だと思っている人もいるだろうと思う。慈善事業を愛という人もいるだろうし、親から子への思いを愛とする人もいると思う。

わたしの中でも愛はとても漠然としたものだった。

でも、今年になって、愛は明確なかたちとなってあらわれてきた。

わたしにとっての愛は、自分の中の神性にちがいがなかった。

この世界、この宇宙は、愛からはじまり愛でできている。わたしたち人間ももれなくその愛の粒からできていて、どんなに自分自身が荒れようが狂おうが、わたしたちの中には愛が内在している。何人《なんびと》にも漏れることなく。

愛とは自然ともいえる。

この自然はすべて愛でできている。だから自然と愛はわたしの中では同義でもある。もっといえば自分の中には、自然＝神性＝愛が、どんなときも息を潜めて眠っているのだ。

ところが、わたしは、この愛から生きることをここ数年感じていながら、それを積極的に「使用する」ところに頭が回っていなかったように思う。愛を自分の、行動の中心に据える、ということは漠然とわかる。でも、それを活用するという発想がなかった。

それを教えてくださった方は、この本ですでに何度も登場しているプリミ恥部さんであった。宇宙マッサージは、そのとき受けた愛のぶんだけお金をお支払いするという宇宙料金の形態をとっている。プリミさんは、折にふれて、愛をつかう、ということを言い続けているし、ご本人にお会いして、宇宙マッサージを受け、やりとりをするうちに、わたしの中で愛と愛をつかうということが実態としてはっきりと立ちあらわれてきた。

プリミさんは音楽もつくって歌われるのだが、ご自身がつくったアルバムを、果てしない無慈悲、といった方がいるという。しかし、この果てしない無慈悲、こそ愛の本質であり実態なのだ。プリミさん自身もある意味で、果てしない無慈悲、というような方である。人との距離感がずっと一定のままである（かつ、ご本人によると一瞬一瞬違うそうである）。声を荒げるなんて聞いたことがない。ちいさな声で優しく話す（ただし、魔を祓うように切れ味のよい大声を出すこと、偏見や思い込みをぶつけてくることなどに対して穢れを祓うように大きな声を発することもあるそうだ。プリミさんが『愛の讃歌』を歌われるときは信じられない大音量であったりもする）。

ただふだんはとにかく愛だけでなりたっている会話しかない。愛だけで構成された時間がプリミさんといると過ぎていくのだ。とても心地よく永遠にその場にいられそうになっていく。気をつかう・つかわないがまったくない世界。プリミさんは気をつかうと即死、といっている。そのアンテナがバカになっていないことを日々実感しながら生きておられる、と。ちょっとでも気をつかうと途端に自分が死ぬのはすべての人にとってあてはまるともおっしゃっている。

愛は、わたしは慈悲であるとむしろ思っていた。愛情と愛を混同していたし、場合によっては、気をつかう、もその一部に入っていると思っていた（！）。

無慈悲が愛とはどういうことなのか。

いちばん大元の神のようなものがあるとして、それは、わたしは無であると痛感する。茫漠とした無。しかしこの無にこそ人は、救われて助けられている。わたしたちやこの世もここから創出された。愛の根元は無。

しかも、プリミさんは、果てしない無慈悲のスタンスを常に保ちながら、反転して果てしない慈悲によって地上を愛していく、果てしない無慈悲と果てしない慈悲が同じ質量でなされた場合、とてつもないパラレルがあらわれる可能性も感じているともおっしゃっていた。

愛は、ただ在る。愛は、無色である。愛は、自由である。愛は真空で、愛は、自在に変化しやわらかくただただ気持ちがいい。

この愛が、人々や地球の中央に在ることに目を向けるときがやってきている。それは、自分の中にある愛をつかってみるとわかる。

わたしは今朝、半身浴をしていて、もう、愛だけで自分は生きるのだと、はっきりと決めた。愛をつかって生きると自分できっぱりと決めた。そのほうが心地いいし、自由だし、たのしいからだ。フラットにごきげんでいられる。常に自動的でいられる。何より自分自身でいられる。なぜならわたしの本質が愛だからだ。さらにこれが本当に有用であるかどうか、これから、自分が愛として生きてみたら、はっきりと実体として立ちあらわれるはずだと確信している。

5次元情報と愛への移行

今年は、あたらしいことが本当にたくさん起こった。あたらしい感覚の本もたくさん読んだ。わたしの意識も少しはあたらしくなっただろうか?
いくつかの情報によれば3次元だった地球はいよいよ5次元に向かっている。いや、もうすでに5次元だともいう。4次元なら、『ドラえもん』で知ってます。でも5次元って、徳間5次元文庫しかわたしは知らない。何より、地球は愛の波動でいっぱいになりつつあるという。

5次元といえばこんなことがあった。

ある狭いお蕎麦やさんで、わたしとパートナーと友人が3人で話していた。3人が食事をし終わって、3人の会計を代表してパートナーがしにいった。レジは、わたしから向かって左にある。小さな店だ。会計が終わったら私の後ろ（背中側）の席を通って、右側のドアを出るしかない。わたしは目の端で、パートナーが会計をしているところを感じていた。わたしの向かいに座っていた友人は、パートナーが通れば、目の前に見えるのだからはっきりとわかるはずだ。わたしと友人は、話しながら待った。

しかし、待てど暮らせど、パートナーはわたしの後ろを通らない。友人も彼が通ったのを見ない（何度も繰り返すが、友人から見るとパートナーは正面を通ることになる）。この店はトイレが、レジの近くにあるのか？　わたしたちは、パートナーがトイレへ行ったものだと思い込み、そのまま話していた。そうしたら15分ほどして、パートナーから電話が入った。「今、ふたりはどこにいる？」。わたしと友人は目を合わせた。どこって、ここだよ。

パートナーは、とっくのとうに店を出て、その店から1キロほど離れた場所に車で移動してしまっていた。彼がいうには、「店を出るときに、わたしたちの姿はなかった」。わたしたちは先に外へ出てぶらぶらして目的地に向かったんだと思い、自分も車に乗ってそこへ向かったというのだ。嘘でしょ⁉ 間違いなくわたしたちはずっと店の中にいたからである。

友人は怖くなって、ずっと鳥肌が収まらなかった。それくらい、異様な体験だった。起こったことがヘンすぎてわたしは爆笑してしまった。

思うにパートナーとわたしと友人のいる世界の次元がずれたのだ。どうずれたか。パートナーは、「わたしたちが店にいない。店を出た」と思った。わたしと友人は、「パートナーはトイレへ行った」と思った。これが、別のパラレルな現実をつくったのだ。だから、パートナーからわたしたちは見えず、わたしたちからパートナーは見えなかったのだ。もっといえば、パートナーは、「外に出て待っている」と確信していた。わたしたちは、何かの話に夢中で、その話の世界に飛んで行ってしまっていた。

誰ひとりとして気づかなかったことがすごいし、異次元への扉がぱっかり口を開けるのも、現実に起こりうることなのかもと思いはじめるできごとだった。

不食ということが可能になった人たちが存在しているということもその一端を告げている。世界のあちこちで食事を摂らず、水も飲まずに生きられる人がいる。ジャスムヒーンさんという人なんて、二十数年間、何も食べていないという。でも、元気だ。いや、元気どころか、信じられないくらいの愛に溢れる表情でいつも微笑んでおられる。

昨年は、こんなことも聞いた。すでに、物体移動について、量子力学の世界では証明ができているという。遠隔治療（遠くにいて誰かを癒したり治したりする治療）については、すでに90年代にディパック・チョプラ博士が、その著書で量子力学の観点から明快に解説をしている。精神世界や代替医療をよく知る人であれば、遠隔治療にどういう効果があるかくらい大抵は体験済みか知っている。こういうことを一切知らない、信じない人には、「なぜ、人が祈るのか？」を想像するといいだろうか。気休めか？　いやどこかでこの思いが通じると思っているから祈るのではないだろうか。

物体移動が可能ということは、私たちはもう本当は、電車や飛行機や車を使わなくていいということである。これからパリへ行く、と思えば、パリへ行くことになる。この方法がもうすでに大学や企業の最先端の研究所では、科学的にもその原理がわかっていて実用化も可能だというのだ。精神世界と最先端科学は、本当にいま、同じ景色を見はじめている。

もうひとつふしぎな話がある。これは今年になってから目にするようになった。性交渉なしで妊娠したという例がいくつもあるというのだ。わたしはマリアさまの処女受胎しか知らなかった。それは歴史や宗教の話の中のことだった。しかし、前から存在したらしいのだ。Kan.さんというクンルンネイゴン（中国の道教《タオ》に伝わる覚醒のための秘術）の達人の著書の中で、こんな記述がある。

卵子は生命の根源です。虫だって突然に現れれば、種もないところに植物が発芽します。いちばんの生命の根源といえる卵子が、潜象界と行き来しないわけがありません。閉経後に妊娠する女性がいるのは、卵子がもっとも潜象界に近いからといえるでしょう。

卵子が先に存在しているのではありません。物質が先ではないのです。存在が先で、存在が素材である物質を連れてくるのですから、この場合、潜象界が先で、潜象界の存在が「生まれてくる」と決まったら、素材集めが始まり、卵子が出現するということが起きると考えるのが妥当でしょう。

卵子はつねに出現します。最初からたくさんあって、それが順番に落ちてくるというものではありません。

『時空を超えて生きる　潜象界と現象界をつなぐ』（Ｋａｎ．＝著　ナチュラルスピリット）より抜粋

なお、このような記述もある。

「高齢出産が危険なのは、卵子が古くなっているためである」というのが現代の医者が持ち出すスタンダードな説明です。「最初から卵子の数は決まっていて、それが月に一つずつ落ちてくるのが月経である」という前提あっての理論です。

卵は年月とともに古くなる一方だという理論には、もっといえば、卵子が古くなって生存が危ういから、あまりよい子が生まれなくなる、という発想がありますす。何をもってよい子と呼ぶかは疑問の余地が多々ありますが、それはそれとして、この理論について医者に詳しく聞いてみると、やはりそのメカニズムはよくわかっていないそうです。

前掲書より抜粋

だとしたら、精子が移動したとしてもおかしくはない。実際Ｋａｎ.さんは、東京の明治神宮にいたら、幽体離脱してしまい、青森に移動した経験もあるという。

さて、これらの秘密を総括するのが、地球の５次元化ではないだろうか？　５次元化していると思えば、全部合点がいくなと思うのだ。５次元を体験している人があちこちで現れはじめている。５次元は、「思えば成る」世界だという。願望即成就の世界だ。

５次元化すると、もう、葛藤はなくなる。自分が自分でいることで、すべてがスムーズに動いていく。思いが実現する速度は信じられないほど速くなる。物質への執着が減るのと同時に経済的にも困らなくなる。わたしがわたしでいることで心地よく、安心し、幸福である。授かったもので満足できるうえ、それ以上のものが授かっていく。そう、地上が即楽園という状態になるのだ。アセンションした世界を半霊半物質の世界といっていた人もいたが、その意味が今真実味をもってわかる。物が透明に見えるようになるのかしらと以前は思っていたけれど、そうではない。物の「重み」が変わるのだ。重要度が変わる。お金の価値観も変わる。もっと目に見えないもののやりとりだけで充分になっていく。人はより霊的になり、霊性を高めることに集中して生きるようになる。テレパシーだって本当はもっと使えるはずだ。何かが起こる前に起こることがわかるようになる。

その世界は、もっともっと愛が重要な世界になる。5次元は愛がはびこる世界だ。現実に、今、地球上に愛の周波数が行き渡り、地中に封印されていた龍という龍が、愛を食べに、地上に出てきているという話だ。ジャスムヒーンさんは、2014年の時点で地球の約65億人の人々が、もうすでに愛と調和の意識にシフトしているといっている（日本人のほとんどは、水を飲まなくとも生きられるライトボディとなっている、とも）。

そうして、5次元の世界で生きる人と3次元の世界で生きる人とにさらに分かれていく。愛の地球で生きる人と、そうではない地球に生きる人は離れていくのだ。しかし、3次元にいる人も愛ではない場にいる人も、その世界を体感したくてその場にいる。すべてはその人自身が深い部分で決めている。いつかは、どの存在も、意識を拡大していくのだと思っている。茫漠とした宇宙の法則のようなものがこの世界を貫いていて、そしてその法則は、どんなときも、絶対的な愛というものに支えられている。わたしたちは、この愛という存在から誰もが生まれ、そうしてこの愛に支えられて存在しているからである。果てしない旅路を終えて、最終的に魂というものは、この愛に戻るのではないかと思っている。

わたしたちは、最高のあそびの空間に、肉体をもって自分という存在を放っているのだ。そうして体験したことを宇宙のどこかにアーカイブし、その情報がまた宇宙を高めている。

果てしなくも甘美な世界！

地球に生まれているということが、なんと稀有でうつくしく、ユニークなことか感じ入ってしまう。

愛の世界なら、生きていけそうです。

祈りについて思うこと

高校生の頃、レイコ先生という、笑うととろけるような顔になるとてもチャーミングな先生がいて、こんなことを授業中に話してくれたことがある。

「電車の中で、もし辛そうな人がいて、その人のことを祈ったらちゃんとその祈りは届くんだよ」

もはや何十年も前の話だから、果たしてレイコ先生がいったことばなのか、誰かのことばと間違っていて記憶が混乱しているかもしれないけれど、レイコ先生が授業中なのにずいぶん過激なことというなと思ったし、清純なレイコ先生ならではだなと思いながらも、そんな話を無邪気にしてくれる先生をどこかで信頼できると感じたことを今でもしっかり覚えている。当時、教会の日曜礼拝に行ったりしていたこととも関係あるだろうか。祈りとはわたしにとってとても身近で、こころの奥底で「ちゃんと対象に届く」と確信するものだった。

霊的な世界に興味をもつようになってから、遠隔治療といったものを体験したり、自分でもできるようになったし、*ディーパック・チョプラ博士による量子物理学関連の記述を読んだりして、人の想念というものがどんなふうに実際に（物理的に）届くのかということに、さらに確信をもつようになっている。祈りじゃなくても、思いっていうのは、わりあいバカにできない「物質」なんじゃないかとすら。

最近、エドガー・ケイシーについて知るようになって、ケイシーがリーディングでいう「祈り」が実に印象的だ。

『新版 エドガー・ケイシーの人生を変える健康法』の「祈り」の項目にはこんなふうに書いてある。

「祈りは、自分の手よりも近くにいて、私たちの問いかけをいまかいまかとひたすら待っていてくれる生命エネルギーを認めて賛美し、それに語りかけることであるから、何もむつかしくはない。私は、くり返して思うこともまた祈りだと考えている」

いわゆる「祈り」のイメージと、少し違う。同時に、もっと生々しく繊細な印象も受ける。先日、この著者の福田高規さんの講座で直接「祈り」について講義を受けてきたのだが、そこで福田さんはこんなふうにもおっしゃっていた。

「祈りとは、生命に、自分のこれからの体験を宣言すること」

福田さんは、朝から晩まで祈ったらどう？　とおっしゃって、からだ全体をくねくねさせて、もう、からだじゅう喜びと祝福になって、お顔もふにゃふにゃになって輝くような恍惚とした表情で祈ること、その大切さを何度も繰り返し教えてくださった。

エドガー・ケイシーの祈りの中の祈りはこうであるともおっしゃった。

「神がわたしを通して（使って）人々のお役に立っています」

エドガー・ケイシーのリーディングで、人間にとっていちばん大切なことは、人のお役に立っているということなのだという。人間とはお役に立ちたくて生きている存在なのだそうだ。そのためには、何のために生きているか目的をはっきりさせる、調律点を明確にすることが重要だともお話ししてくださった。

まず、すばらしい自分を感じ、お役にたつための具体的な目的をハッキリさせる。次に、今ここで活き活きと働いている神が自分を通して働かれたと全身で祝福し感謝し感動する。全存在とつながって一体感を感じながら、自分からすばらしいものをさしだし、祝福し、喜び、自分が生きる目的を明確にしてこれからの体験を宣言する。これが祈りだというのだ。

しかも人生、困ったことを体験したくてやっている。困ったことがきたら、すばらしいチャンスがきた！　いちばんうれしいことが起こった！　困ったら祈りがあるじゃないか、とエドガー・ケイシーはいうのだ。

福田さんの著書にはこんなふうにも書いてある。

「さて、リーディングは数多くの祈りのことばを教えてくれているが、次のようなことばが用いられるのが常である。そして、これらのことばが表現していること以外の利己的な祈りにはならないようにしてもらいたい。祈りは大いなる力であるから、間違って用いると反動も強く来るからである。

- 最高で完全な存在への賛美。
- 光であり、唯一無限である力を確認する。
- 恵み深く、慈愛に満ちた父の御意志にそいます、という誓い。
- 御心が私の心や身体を通して（用いて）他の人たちへの奉仕、援助、祝福ができますように御導きを依頼する。
- その責任がはたせるように、心と身体を保護してもらうことば。
- ただ感謝と積極的なことばのくり返し。

結果は、ありとあらゆる栄光と力を身につけ、最高の位にありながら、御身をかくされて私たちの下座につかれ、黙々と御仕事をなさっておいでのこの偉大な方にすっかりおまかせする。

私たちも、祈りを日々実践し、その完成に向かって進んでいく必要がある。祈りに行動がともなわなければ無意味である」

さらには、

「他の人とか物事の状態が変更されるようにと祈ってはならない」

「変えるとすれば、自分が他の人に対して忍耐強くなりますように、（中略）私が他の人を助けられますようにというように、自分が変えられることを祈るばかりである」

「私たちは鏡の世界に住んでいるから、他の人を変えようと思えば、いつか自分がそのようにされてしまう結果を得るのである」

と。わたしは、いつか、本当に、本気で、同じ思いをもつ人という条件つきだが、困っている人や病んでいる人がいるとして、その人に対して、大勢の人で祈る、または、実際にその人を囲んで祈る、ということをしてみたいなと思っている。病気なんか本当はこんなふうな巨大な強い祈りで寛解するんじゃないかとすら思っている。

福田さんの「祈り」の項はこう結ばれていた。

「心は創り出す力を持っている。一定のことばをくり返し、それに心を集中すればすさまじい力が生じる。リーディングはいう。「二人で祈れば力は二倍以上になる。大勢で祈れば国家や地球の運命も変えることができる」。では万人の願い、世界平和の祈りはどうすればよいのか。リーディングはいう。「世界の平和は、この世に生きている一人一人の責任である。自分の心の中に平和がなくて、地上に平和が訪れるものだろうか。まず兄弟愛と親切と忍耐を、自分のまわりから実践し広めてゆくこと」

引用はすべて『新版 エドガー・ケイシーの人生を変える健康法』（福田高規＝著 たま出版）より抜粋

やっぱり。やっぱり祈りってそうなのだ。

最後の最後、もうどうしようもないという状況に追い込まれてどん底に突き落とされたとしても、祈ることが残されている。これは大いなるものからの恩寵だとわたしは思う。そう思えることも恩寵の一部だ。そしてひょっとすると、真の祈りはそのように、自分という存在が一旦完全に打ちのめされたような瞬間にこそ生まれ、その祈りが真に世界に響きはじめるのかもしれない。その響きの中で、自分たちはいよいよ本当の人間になっていけるのかもしれない。

＊直伝靈氣。『うつくしい自分になる本』（筑摩書房）にくわしい。

現代における敬虔さとは

〝世界一つよい女の子〟長くつ下のピッピについて、ずいぶん長いあいだ誤解していた。9歳なのにひとり暮らしで、自立していて、近所の子どもたちを愉快にたのしませ、嘘っぽい大人たちには堂々と立ちむかう。そんな陽気で元気でユニークな女の子。気前がよく勇気がある。やりたくないことはやらず、敬意を払うべきとされていることでもそれに値しないと思えば敬意を払わない。誰にも邪魔されずにあそびたいと願っている。だいたいいめそめそしたところがない。いちいち発言が大胆だし、善悪正邪の基準が独特で、奔放で、行動が自由すぎて……。小学校1年生の冬、夢中になって読んで以来、わたしのミューズはピッピであった。ピッピの、邪心のなさというか、いやみのない自己肯定感の高さ、出しおしみをしない品のよさというものにノックアウトされた。思春期になったら、ピッピみたいなそばかすをつくりたくて、仁王立ちして（ピッピもよく仁王立ちしているイメージ）、太陽に向かって顔を突き出したものだ。

ところが、長くつ下のピッピの世界展で、著者のアストリッド・リンドグレーンがどういう思いでピッピを描いていたのかはじめて知って、ああ、そういうことだったのか、そこを見ていなかったと思った。リンドグレーンはこういったのである。

「もし私が、ピッピというキャラクターに、子どもの読者を面白がらせようと思う以外に特別な意図を込めたとするならば、力を持ちながらも、その力に振り回されないことが可能であるということを示したかったのだと思います。おそらく、それが人生でいちばん難しい課題でしょうから。（中略）でも、ピッピは親切です！　ピッピは世界中のどの子どもよりも力を持っていて、大人も子どもも怖がらせることができます。でも、ピッピはそうしたでしょうか？　いいえ、ピッピはそんなことはしません。ピッピは親切で手助けを惜しまず、気前がよくて、本当に必要なとき以外は厳しい態度はとりません」

『長くつ下のピッピTMの世界展　～リンドグレーンが描く北欧の暮らしと子どもたち～』図録より抜粋

確かに、ピッピは力もちだ。馬も持ち上げられる。

でも、どこかそれはわたしの中では、おもしろいエピソードのひとつくらいにしか思っておらず、力もちであることが場面場面で彼女自身を守っていたり、それを無尽蔵に使っていないことなど気に留めていなかった。誤解していたというか、深く理解していなかったといったほうがいいかもしれない。

ものすごく力もちだけれど、それを行使しない。わたしは、その態度にあらためて感服した。やれるけどやらない。いえるけどいわない。できるけどあえてしない。そこに忍耐やがまんはない。忖度や遠慮もない。思わせぶりなのでもない。聡明さから、純粋さゆえに、しないのだ。他人軸じゃなくて自分軸だからそれができるのだ。

ある春に、ひとりの女性に出合った。高知県の山奥で自給自足をしながら、布の仕事をはじめ「暮らすこと」を実践している井上佳織さんだ。佳織さんは、いつも、ちいさな声で話す。会話の中に、一切エクスキューズがない。必要なことばだけを少なめに話す。佳織さんの生活全体が、いきいきと躍動しているようで、でも、とんでもない静けさと共にあるような感じ。食事は、したいと思ったらするという。食べているところを見たが、ふだん人が食事をしている感じとは、正直違う。味と味の組み合わせを実験し、たのしみながらたのしんでいる。常に発見を求めて、味わっているという感じ。たとえば、その日プレゼントしたいくつかの生のハーブをお皿に全部並べて、自分のつくった料理と組み合わせながら、もぐもぐしていたり。佳織さんを見ていると、こうだ、と決めて行っている行動がないように見える。全部インスピレーションで動いている。全部自動的で自発的。宇宙の流れみたいなものがこの世にはきっとあって、そこに身を委ねている（佳織さんを見ていると、確かにこの宇宙には自然の流れやうねりがあるのだとわかってくる）。よく歩く。小柄だがものすごくタフなのだ。目は輝き、顔は常に微笑んでいる。つくった笑顔も、おべっかも、気遣いもない。着物（喪服だったりする！）をほどいた黒い絹の布で自分のロングワンピースをつくり、たいていはそれを着ている。すごくかわった形をしていて、モダン。女性が見たら、みんな着てみたい！と思うようなデザインだ。ご近所ではワンピースを着て農作業をしている女性ということで有名なんだとか。荷物も少なく、すべてが簡素である。

夜、しんと静まり返った田舎の部屋で、佳織さんと美濃の店の暖簾の修復を行った。自分自身のたたずまいまで、無邪気になり、静かになっていく感じがある。自分のよいところが引き出されるみたいな感じ。佳織さんといると、微笑みが、自然に、自分の中から溢れてくるのだ。

そんな佳織さんとのエピソードでこんなことがあった。『マーマーマガジン』は美濃にショップがあって、オリジナルのオーガニックコットンのTシャツを売っている。そのTシャツ、つまり既製品に佳織さんに刺繍を自由に施してもらえないかと、うちのスタッフが、事前に数枚Tシャツを渡した。高知で、どんなことができるか試しておいてもらうという話だった。

通常佳織さんは、知っている人の服のお直しやリメイク、刺繍しか行わない。どんな人柄か知って、お直しなどを施すのだ。今回の商品としてのTシャツに自由に刺繍してほしいとのオーダーは、イレギュラーな仕事だったにちがいない。大げさにいったら、佳織さんが個人と個人でつながっていた仕事の世界から、少しだけ、資本主義的とまではいかないけれど、ある種の量産（数枚程度のことではあったが）を期待された仕事だった。

佳織さんは、この仕事を断った。

「一度は、縫ってみようと思った。Tシャツも実際なんども眺めてみた。でも、できなかった。誰が着るかわからないTシャツに刺繡を入れられなかった」と佳織さんはいった。

現代という時代における敬虔さ、というと、このリンドグレーンの話と佳織さんのエピソードを思い出す。

何らかの思想信条、というわけでもない。

忍耐やがまんや忖度や遠慮や気遣いじゃない、卑下や高慢さやこだわりみたいなものからじゃない、こんなふうな「やらない」という態度に、わたしは現代の行いのうつくしさを見る。権利主張も、自己承認欲求も、欲も、エゴも、自己防衛も自己主張も、恐怖心や罪悪感も、ここには皆無だ。

わたしたちは、一体、何をもって生きているのか。

とても便利な経済というものがあって、何かを得ていくという方向に善みたいなものがあると思わされていて、力や声の大きいこと、主張すること、たくさんもっていること、何でも揃っていることをよしとしすぎなんじゃないか。

ピッピや佳織さんは、聡明な女性だ。あたらしい時代の敬虔さって、こういう聡明さに裏打ちされたうつくしい行為のうちにあるに違いないと思っている。

佳織さんは、畑も小屋の修復も梅を漬けるのもわらを編むのも、全部仕事だといっていた。佳織さんの暮らしには労働というものがひとつも介在していないのもうつくしく、真にあたらしい、と感じる。

佳織さんだけではない、土に近い暮らしを営む人に、こんな敬虔さをあたりまえにもつ人が、わたしのまわりには本当に少なくないことも声を大にしていいたい。若く尊い人たちは、この瞬間も、ごくふつうの顔をして、自分頼りの生き方を選択し、静かに大地に根をはやして生きている。余談だが経済的にも自動的に充足しておられる。そもそもたくさん必要としない生活だ。そして誰もが心底幸福そうで、なんとも豊かそうだ。

ふだん着の中でごくあたりまえに培われるこのような敬虔な態度は、本当の幸福と豊かさや生きるということのこころからの喜びを、確かな形で抱き含めている。清らかな霊性がそこにはいつも横たわっている。

◎服部みれい（はっとり・みれい）＝文筆家、詩人。二〇〇八年に『murmur magazine』を創刊。あたらしい時代を生きるためのホリスティックな知恵を厳選して発信。『murmur magazine（マーマーマガジン）』、詩とインタビューの本『まぁまぁマガジン』『murmur magazine for men（マーマーマガジンフォーメン）』編集長。冷えとりグッズを扱う「マーマーなブックス アンドソックス」（murmur-books-socks.com/）主宰。著書に『あたらしい自分になる本 増補版 SELF CLEANING BOOK』『自由な自分になる本 増補版 SELF CLEANING BOOK 2』（ちくま文庫）、『あたらしい食のＡＢＣ』（ＷＡＶＥ出版）、『恋愛呼吸』（加藤俊朗との共著、中央公論新社）、『わたしらしく働く！』（マガジンハウス）、『うつくしい自分になる本 SELF CLEANING BOOK 3』（筑摩書房）、『みの日記』（二〇一九年一一月に扶桑社より再販予定）、『増補版 わたしの中の自然に目覚めて生きるのです』（ちくま文庫）など多数。

わたしと霊性　◎著者＝服部みれい　◎発行者＝下中美都　◎発行所＝株式会社平凡社　〒一〇一・〇〇五一　東京都千代田区神田神保町三ノ二九　☎〇三・三二三〇・六五八四（編集）〇三・三二三〇・六五七三（営業）　振替〇〇一八〇・〇・二九六三九　平凡社ホームページ＝https://www.heibonsha.co.jp/　◎印刷＝藤原印刷株式会社　◎製本＝大口製本印刷株式会社　◎編集＝小出真由子（平凡社）　　◎ISBN978-4-582-83811-4　◎ＮＤＣ分類番号１４７　◎四六判（一八・八㎝）総ページ３０４　◎落丁・乱丁本のお取り替えは小社読者サービス係までお送りください（送料は小社で負担します）。

二〇一九年九月一八日　初版第一刷発行